全国注册咨询工程师（投资）职业资格考试
考点突破+历年真题+预测试卷——

项目决策分析与评价

（2024版）

全国注册咨询工程师（投资）职业资格考试试题分析小组　编

机械工业出版社

全书共分10章，主要内容包括绪论、项目规划及其报告、项目可行性研究及其报告、项目申请报告、资金申请报告、项目评估、建设方案研究与比选、社会评价、不确定性分析与风险分析、项目后评价及其报告。每章均包括本章核心考点分布、专家剖析考点、本章核心考点必刷题、本章真题实训、本章真题实训答案及解析、本章同步练习、本章同步练习答案。书中附两套2024年考试预测试卷。

本书涵盖了考试复习重点，内容精练，重点突出，习题丰富，既可作为考生参加全国注册咨询工程师（投资）职业资格考试的应试辅导教材，也可作为大中专院校师生的教学参考书。

图书在版编目（CIP）数据

全国注册咨询工程师（投资）职业资格考试考点突破+历年真题+预测试卷．项目决策分析与评价：2024版/全国注册咨询工程师（投资）职业资格考试试题分析小组编．—3版．—北京：机械工业出版社，2023.11

ISBN 978-7-111-73974-6

Ⅰ.①全…　Ⅱ.①全…　Ⅲ.①投资－咨询服务－资格考试－自学参考资料　Ⅳ.①F830.59

中国国家版本馆CIP数据核字（2023）第191762号

机械工业出版社（北京市百万庄大街22号　邮政编码100037）
策划编辑：张　晶　　　　　　　　责任编辑：张　晶　张大勇
责任校对：龚思文　贾立萍　陈立辉　封面设计：张　静
责任印制：常天培
北京机工印刷厂有限公司印刷
2023年11月第3版第1次印刷
184mm×260mm·9.5印张·265千字
标准书号：ISBN 978-7-111-73974-6
定价：59.00元

电话服务　　　　　　　　　　网络服务
客服电话：010-88361066　　机　工　官　网：www.cmpbook.com
　　　　　010-88379833　　机　工　官　博：weibo.com/cmp1952
　　　　　010-68326294　　金　书　网：www.golden-book.com
封底无防伪标均为盗版　　机工教育服务网：www.cmpedu.com

前言

参加全国注册咨询工程师（投资）职业资格考试的考生大多数是已经参加工作的在职人员，不会像全日制学生那样系统地参加学习，大多是通过自学，少了一种学习的氛围，而且学习时间也不可能有充分的保障。基于对考生在学习中存在上述困难的深刻认识，我们认为一本好的辅导书对他们来说就显得尤为重要，这也正是我们编写本书的出发点。

本书以考试大纲为中心，以历年真题为导向，针对近年来考查频次较高以及有可能进行考查的考点进行深度解析，以“一题干多选项”的形式，力图在各考点之间建立起关联性、系统性的框架，以帮助考生深度理解和全面掌握各章节考点内容，做到举一反三，掌握好一个题就相当于掌握了一类题，以此帮助考生事半功倍地准备复习，赢得考试。

本书的特点如下：

围绕大纲，构建知识体系。本书中的“专家剖析考点”是按照考试大纲要求的考核重点进行剖析的，简明扼要地阐述了考试大纲对考生应知应会的要求。这部分内容为考生指明了备考学习的方向，考生根据这一部分内容可以确定命题所涉及知识体系的重要程度。

突出重点，注重把握主次。本书中的“核心考点必刷题”形式打破传统思维，采用归纳总结的方式进行题干与选项的优化设置，将重要考点可能出现的题目都一一列举。为了让考生既能选出正确答案，又会区分干扰答案，不但将可能出现的正确选项一一列举，还将互为干扰选项整合到一起，这样设置有利于考生对比区分记忆，大大压缩了考生的复习时间。

注重全局，不搞题海战术。本书中的“真题实训”收集了近几年的真题，可以帮助考生掌握考试命题的规律，也让考生了解命题的方式，准确地把握考试的精髓。在选题上尽量选择那些有代表性、能够起到举一反三作用的题让考生进行自测，做过这些真题后，考生就会恍然大悟，原来考试就是这样命题的。

实战练习，提前进入状态。本书中的“预测试卷”的题量、难易程度和采分点均与标准试卷完全一致，而且均为经典题目，可帮助考生整体把握考试内容的知识体系，让考生逐步提高“题感”，为考生胸有成竹地步入考场奠定基础。

答疑服务，解决考生疑难。编写组专门为考生配备了专业答疑老师解决疑难问题。

由于编写时间有限，书中不妥之处在所难免，恳请各位考生以及同仁不吝赐教，以便再版时进行修正。

目录

考试介绍

一、报考条件

报考科目	报考条件
考全科	参加4个科目考试（级别为考全科）的人员必须在连续4个考试年度通过应试科目： 1. 取得工学学科门类专业，或者经济学类、管理科学与工程类专业大学专科学历，累计从事工程咨询业务满8年 2. 取得工学学科门类专业，或者经济学类、管理科学与工程类专业大学本科学历或者学位，累计从事工程咨询业务满6年 3. 取得含工学学科门类专业，或者经济学类、管理科学与工程类专业在内的双学士学位，或者工学学科门类专业研究生班毕业，累计从事工程咨询业务满4年 4. 取得工学学科门类专业，或者经济学类、管理科学与工程类专业硕士学位，累计从事工程咨询业务满3年 5. 取得工学学科门类专业，或者经济学类、管理科学与工程类专业博士学位，累计从事工程咨询业务满2年 6. 取得经济学、管理学学科门类其他专业，或者其他学科门类各专业的上述学历或者学位人员，累计从事工程咨询业务年限相应增加2年
考2科	凡符合考全科报考条件并具备下列条件之一者，可免试《宏观经济政策与发展规划》《工程项目组织与管理》科目，只参加《项目决策分析与评价》和《现代咨询方法与实务》2个科目的考试。参加2个科目考试的人员，须在连续2个考试年度内通过应试科目的考试： 1. 获得全国优秀工程咨询成果奖项目或者全国优秀工程勘察设计奖项目的主要完成人 2. 通过全国统一考试取得工程技术类职业资格证书，并从事工程咨询业务工作满8年

二、考试简介

注册咨询工程师（投资）考试设4个科目，分别是《宏观经济政策与发展规划》《工程项目组织与管理》《项目决策分析与评价》《现代咨询方法与实务》。

《宏观经济政策与发展规划》《工程项目组织与管理》《项目决策分析与评价》3个科目为客观题，用2B铅笔在答题纸上作答。《现代咨询方法与实务》科目为主观题，在专用答题卡上作答。应试人员在答题前要认真阅读试卷封二的“应试人员注意事项”和答题卡首页的“作答须知”，使用规定的作答工具在答题卡划定的区域内作答。应试人员应考时，应携带黑色墨水笔、2B铅笔、橡皮和无声无文本编辑存储功能的计算器。

三、考试时间及合格标准

科目	考试时间	题型题量	满分	合格标准
宏观经济政策与发展规划	9:00—11:30	单项选择题60题，多项选择题35题	130	78
工程项目组织与管理	14:00—16:30	单项选择题60题，多项选择题35题	130	
项目决策分析与评价	9:00—11:30	单项选择题60题，多项选择题35题	130	
现代咨询方法与实务	14:00—17:00	案例分析题6题	130	

四、考试成绩管理

考试成绩实行滚动管理办法，参加全部4个科目考试（级别为考全科）的人员须在连续4个考试年度内通过全部科目；免试部分科目（级别为免2科）的人员须在2个考试年度内通过应试科目，方可取得资格证书。

历年考试题型说明

《项目决策分析与评价》考试全部为客观题。题型包括单项选择题和多项选择题两种。其中，单项选择题每题1分；多项选择题每题2分。对于单项选择题来说，备选项有4个，选对得分，选错不得分也不倒扣分。而多项选择题的备选项有5个，其中有2个或2个以上的备选项符合题意，至少有1个错项（也就是说正确的选项应该是2个、3个或4个）；错选，本题不得分（也就是说，所选择的正确选项中不能包含错误的答案，否则得0分）；少选，所选的每个选项得0.5分（如果所选的正确选项缺项，且没有错误的选项，那么，每选择1个正确的选项就可以得0.5分）。因此，我们建议考生对于单项选择题，宁可错选，不可不选；对于多项选择题，宁可少选，不可多选。

备考复习方略

一是依纲靠本。考试大纲是命题的依据，也是复习的指南。考生应根据考试大纲的要求，保证有足够多的时间去理解教材中的知识点，有效地把握复习重点，少走弯路。

二是循序渐进。要想取得好的成绩，比较有效的方法是把书看上三遍。第一遍是最仔细地看，每一个要点、难点不放过，这个过程时间应该比较长；第二遍看得较快，主要是对第一遍划出来的重要知识点进行复习；第三遍就很快，主要是看第二遍没有看懂或者没有彻底掌握的知识点。为此，建议考生在复习前根据自身的情况，制订一个切合实际的学习计划，依此来安排自己的复习。

三是把握重点。考生在复习时可能会过于关注教材上的每个段落、每个细节，没有注意到有些知识点可能跨好几个页码，对这类知识点之间的内在联系缺乏理解和把握，就会导致在做多项选择题时往往难以将所有答案全部选出来，或者由于分辨不清选项之间的关系而将某些选项忽略掉，甚至将两个相互矛盾的选项同时选入。为避免出现此类错误，建议考生在复习时，务必留意这些层级间的关系。每门课程都有其必须掌握的知识点，对于这些知识点，一定要深刻把握，举一反三，以不变应万变。

四是善于总结。善于总结就是在仔细看完一遍教材的前提下，一边看书，一边做总结性的笔记，把教材中每一章的要点都列出来，从而让厚书变薄，并理解其精华所在；要突出全面理解和融会贯通，并不是要求把指定教材的全部内容逐字逐句地死记硬背下来。而要注意准确把握文字背后的复杂含义，还要注意把不同章节的内在内容联系起来，能够从整体上对考试科目进行全面掌握。

五是精选资料。复习资料不宜过多，选一两本就行了，多了容易眼花，反而不利于复习。从某种意义上讲，考试就是做题。所以，在备考学习过程中，适当地做一些练习题和模拟题是考试成功必不可少的一个环节。多做练习固然有益，但千万不要舍本逐末，以题代学。练习只是针对所学知识的检验和巩固，千万不能搞题海大战。

在这里提醒考生在复习过程中应注意以下三点：

一是加深对基本概念的理解。对基本概念的理解和应用是考试的重点，考生在复习时，要对基本概念加强理解和掌握，对理论性的概念要掌握其要点。

二是把握一些细节性信息、共性信息。每年的真题中都有一些细节性的题目，考生在复习过程中看到这类信息时，一定要提醒自己给予足够的重视。

三是突出应用。考试侧重于对基本应用能力的考查，近年来这个特点有所扩大。

答题技巧

结合多年来的培训经验，我们给考生提出几点要求。

第一个要求就是要做到稳步推进。单项选择题掌握在每题 1 分钟的速度稳步推进，多项选择题按照每题 1.5 分钟的速度推进，这样下来，还可以有一定的时间做检查。单项选择题的难度较小，考生在答题时要稍快一点，但要注意准确率；多项选择题可以稍慢一点，但要求稳，以免被“地雷”炸伤。从提高准确率的角度考虑，强烈要求大家，一定要耐着性子把题目中的每一个字读完，常常有考生总感觉到时间不够，一眼就看中一个选项，结果就选错了。这类性急的考生大可不必“心急”，考试的时间是很合理的，也就是说，按照正常的答题速度，规定的考试时间应该有一定的富余，你有什么理由着急呢？

第二个要求就是要预留检查时间。考试时间是富余的，在这种情况下如何提高答题的准确度就显得尤为重要了。提高答题准确度的一个重要方法就是预留检查时间，我们建议考生至少要预留 15 ~ 20 分钟的时间来做最后的检查。从提高检查的效率来看，我们建议考生主要对难题和没有把握的题进行检查。在考场上，考生拿到的是一份试卷，一份答题卡，试卷可以涂写，答题卡不可以涂写，只能用铅笔去涂黑。建议大家在试卷上对一些拿不准的题目，在题号位置标记一个符号，这样在检查时就顺着符号去一个个找。

第三个要求就是要做到心平气和，把握好节奏。这点对考场心理素质不高的考生来讲十分重要。不少考生心理素质不高，考场有犯晕的现象，原本知道的题目却答错了，甚至心里想的是答案 A，却涂成了 C。怎么避免此类“自毁长城”的事情发生呢？我们这里给大家两点建议：不要被前几道题蒙住。有时候你一看到前面几道题，就有点犯晕，拿不准，心里就发毛了，这时候你千万要告诫自己，这只是出题者惯用的手法，先给考生一个下马威，没有关系，一定要稳住阵脚。

具体到答题技巧，给大家推荐四种方法：

一是直接法。这是解常规的客观题所采用的方法，就是选择你认为一定正确的选项。

二是排除法。如果正确答案不能一眼看出，应首先排除明显是不全面、不完整或不正确的选项，正确的选项几乎是直接抄自于考试指定教材或法律法规，其余的干扰选项要靠命题者自己去设计，考生要尽可能多排除一些干扰选项，这样就可以提高你选择出正确答案而得分的概率。

三是比较法。直接把各备选项加以比较，并分析它们之间的不同点，集中考虑正确答案和错误答案的关键所在。仔细考虑各个备选项之间的关系。不要盲目选择那些看起来像、读起来很有吸引力的错误答案，中了命题者的圈套。

四是猜测法。如果你通过以上方法都无法选择出正确的答案，也不要放弃，要充分利用所学知识去猜测。一般来说，排除的项目越多，猜测正确答案的可能性就越大。

第一章

绪　　论

一、本章核心考点分布

绪论

- 项目目标（2018年、2019年、2020年、2021年、2022年）
- 项目决策应遵循的原则（2018年、2019年、2020年、2021年、2022年）
- 投资项目决策程序（2018年、2019年、2020年、2021年、2022年）
- 政府投资项目与企业投资项目决策的区别（2019年、2022年）
- 项目前期咨询成果的质量保证（2022年）
- 项目决策的分类和过程
- 项目决策分析与评价的任务和基本要求（2019年、2022年）
- 项目决策责任（2020年、2021年、2022年）
- 咨询机构的责任（2020年、2021年）
- 咨询机构的选择（2021年、2022年）
- 投资机会研究、初步可行性研究、可行性研究的目的

二、专家剖析考点

1. 本章需要掌握项目的两个层次，即具体目标和宏观目标，注意区分两个层次的具体内容，该考点是考试的热点。

2. 项目决策的5个原则要注意区分，一般会给出决策过程中的工作，判断是遵循哪种原则。

3. 项目前期咨询成果的质量保证要熟练掌握，该知识点深受命题者青睐，需要作为备考重点。

4. 项目决策的4个过程也是常考命题点。

5. 投资项目决策程序中，要重点掌握审批制项目决策程序。

6. 应能区分项目投资决策相关单位的职责和责任。考试时可能直接考查某单位承担的责任，也可能会考查判断正确或错误说法的综合题目。

7. 项目决策分析与评价的任务及基本要求是容易被忽略的考点，考生要注意。

8. 投资机会研究的目的和重点内容一般会考查单项选择题，初步可行性研究的目的和深度要求是命题者喜欢的素材，注意掌握。

9. 咨询机构的责任一般会考查单项选择题，考生需要注意区分。
10. 咨询机构的选择一般会考查单项选择题，考生需要和乙级资信评价标准进行区分。

三、本章核心考点必刷题

考点1　项目目标

例：项目的功能目标包括（CDEFGHI）。

A. 确定建设规模的目标值
B. 确定市场及其占有份额
C. 扩大项目的生产规模，使单位产品的成本降低
D. 加工生产需要的原材料，使产品成本及经营风险降低
E. 延长项目产品的生产链，使项目产品的附加值提高
F. 引进先进的技术设备，使项目产品的技术和质量得到提高
G. 调整项目产品的结构
H. 通过专利技术，开发高新技术产品
I. 拓宽投资领域，使经营风险得到分散
J. 实现投资收益的具体目标值
K. 满足客观需要的程度
L. 满足提供服务的范围
M. 实现环境治理效果
N. 为人民生活提供便利
O. 为了国民经济的发展，使人民对项目产品产生更多要求的需要
P. 为了提高人民的生活质量

题号	拓展同类必刷题	答案
1	项目的规模目标是（　　）。	A
2	项目的市场目标是（　　）。	B
3	项目的效益目标包括（　　）。	JKLM
4	项目的宏观目标包括（　　）。	NOP

考点点评

1. 本考点考查题型一般有以下几种：

（1）以判断正确与错误说法的表述题目考查，比如：“关于项目建设目标的说法，正确/错误的是/有（　　）。”

（2）题干中表述具体的目标，判断属于哪一类，比如：“某建设项目设定的目标之一是延长产品生产链，该目标属于（　　）。”

（3）选项中表述具体的目标，判断属于哪一类，比如例题题型。

2. 不同性质项目的宏观目标是有区别的，不同性质项目的具体目标也是不同的。这两句话都会作为表述题型的备选项考查。可能会设置的错误说法有：“不同性质项目的宏观目标是相同的”“不同性质项目的宏观目标是相同的，但具体目标各有不同”。

考点2　项目决策应遵循的原则

例：在项目决策过程中，政府投资项目和企业投资的重大项目采取多种公众参与形式，广泛

征求各个方面的意见和建议，以使策划和决策符合社会公众的利益诉求，该做法体现了投资决策原则中的（B）。

A. 科学决策原则　　B. 民主决策原则

C. 效益（效果）最大化原则　　D. 风险责任原则

E. 可持续发展原则

题号	拓展同类必刷题	答案
1	投资决策过程中，坚持实事求是，在调查研究的基础上，甄别数据的合理性，保证数据来源可靠、计算口径一致和评价指标可比，保证分析结论真实可靠，该做法体现了投资决策原则中的（　　）。	A
2	投资决策过程中，为了提高决策的水平和质量，聘请项目相关领域的专家进行分析论证，以优化和完善建设方案，该做法体现了投资决策原则中的（　　）。	B
3	决策者在投资决策中，对投资项目进行独立的调查、分析、研究和评价，提出咨询意见和建议，该做法体现了投资决策原则中的（　　）。	B
4	在投资项目决策过程中，应遵循的原则包括（　　）。	ABCDE

考点点评

项目决策遵循的5个原则中，科学决策原则要记住3点：方法科学、依据充分、数据可靠；民主决策原则也要记住3点：专家论证、独立咨询、公众参与。

考点3　投资项目决策程序

例1： 政府投资项目实行审批制，对于一般项目需要审批的文件包括（ABC）。

A. 项目建议书　　B. 项目可行性研究报告

C. 初步设计　　D. 开工报告

E. 资金申请报告　　F. 项目申请报告（书）

题号	拓展同类必刷题	答案
1	对于有特殊影响的重大政府投资项目，应审批的文件包括（　　）。	ABCD
2	实行核准制的企业投资项目，不再经过批准（　　）程序。	ABD
3	对适用《中央预算内投资补助和贴息项目管理办法》《国家高技术产业发展项目管理暂行办法》《国际金融组织和外国政府贷款投资项目管理暂行办法》规定范围内的企业投资项目，需要报送（　　），单独审批。	E
4	实行核准制的企业投资项目，仅需向政府提交（　　）。	F

考点点评

1. 在审批制项目决策过程中，还可能会考的题目：

（1）批复项目建议书，一般称为（　　）。答案为项目立项。

（2）申报可行性研究报告应附文件包括（　　）。答案为选址意见书、用地预审意见、环境影响评价审批文件、节能评估报告书、节能评估报告表或节能登记表、社会稳定性风险评价。

（3）对特别重大的项目应实行（　　）。答案为专家评议制度。

2. 对于实行核准制的投资项目，政府部门应在线审批监管平台或政务服务大厅实行并联核准。

上述内容可能会以判断正确与错误说法的题目考查。

例 2： 根据《企业投资项目核准和备案管理条例》（国务院令第 673 号）的有关规定，实行备案管理的项目，企业应当在开工建设前通过在线平台告知备案机关的信息包括（ABCDEFG）。

A. 企业基本情况
B. 工程项目名称
C. 工程建设地点
D. 工程建设规模
E. 工程建设内容
F. 工程项目总投资额
G. 工程项目符合产业政策的声明

考点点评

企业投资项目备案主要考查企业需要进行备案的信息，此外考生还需要了解以下 4 点内容：

1. 根据《中共中央、国务院关于深化投融资体制改革的意见》，除《核准目录》范围以外的企业投资项目，一律实行备案制。
2. 备案是指备案机关收到规定的全部信息。
3. 如果企业告知的信息不齐全，备案机关应当指导企业补正。
4. 备案机关不得设置任何前置条件。

例 3： 关于投资补助和贴息项目资金申请报告申报与审批的说法，正确的有（ABCDEFG）。

A. 投资补助和贴息资金均为政府投资性无偿投入
B. 投资补助和贴息资金重点用于市场不能有效配置资源、需要政府支持的经济和社会领域
C. 报国务院审批、核准的项目，可以在报送可行性研究报告或者项目申请报告时一并提出资金申请，不再单独报送资金申请报告
D. 报国务院审批、核准的项目，可以在项目经审批或核准后，单独报送资金申请报告
E. 被列入联合惩戒合作备忘录黑名单的项目单位，国家发展改革委不予受理其资金申请报告
F. 资金申请报告可以单独批复，也可在下达年度投资计划时合并批复
G. 批复资金申请报告应当确定给予项目的投资补助或贴息金额，可以一次或分次下达投资计划

考点点评

1. 关于投资补助和贴息项目资金申请报告申报与审批，主要掌握上述内容，一般会以判断正确或错误说法的题目考查。

2. 选项 A、C、F，如果设置错误选项，可能会这样设置：

选项 A 可能设置的错误选项是：投资补助和贴息资金均为有偿投入。

选项 C 可能设置的错误选项是：资金申请报告必须单独报送。

选项 F 可能设置的错误选项是：资金申请报告必须在下达投资计划时合并批复。

例 4： 根据《国际金融组织和外国政府贷款投资项目管理暂行办法》（国家发展改革委令第 28 号）的有关规定，国务院发展改革部门审批项目资金申请报告的条件有（ABCDEFG）。

A. 符合国家利用国外贷款的政策
B. 符合国家利用国外贷款的使用规定
C. 符合国外贷款备选项目规划
D. 项目已按规定履行审批、核准或备案手续
E. 国外贷款偿还和担保责任明确
F. 国外贷款还款资金来源及还款计划落实
G. 国外贷款机构对项目贷款已初步承诺

考点点评

1. 有关国外贷款项目决策这部分内容，比较重要的考点是国外贷款项目决策程序和资金申请报告的审批。

2. 有关国外贷款项目决策程序这部分内容，主要考查的是《国际金融组织和外国政府贷款投资项目管理暂行办法》（国家发展改革委令第28号）的有关规定。

3. 纳入国外贷款备选项目规划的项目，应当区别不同情况履行相应审批、核准或备案手续。注意不同项目其审批、核准和备案的部门不同。

考点4 政府投资项目与企业投资项目决策的区别

例：下列关于政府投资项目与企业投资项目决策的说法，正确的有（ABCDEFGH）。

A. 政府投资项目的投资方式有政府直接投资、注入资本金、投资补助、转贷和贷款贴息

B. 企业投资项目的投资方式有直接投资、合作（合伙）投资

C. 政府投资主管部门的投资决策依据是项目可行性研究报告的结论

D. 企业投资项目的决策依据是项目可行性研究报告

E. 政府投资以非经营性项目为主，原则上不直接投资于经营性项目

F. 企业投资项目主要以经营性项目为主

G. 政府投资项目实行项目审批制

H. 企业投资项目由企业自行决策，政府备案

考点点评

1. 政府投资项目与企业投资项目决策的区别包括4点：投资主体和决策人不同；决策内容和程序不同；投资范围不同；决策过程和管理模式不同。

2. 选项A、B还可能会考查多项选择题，命题如下：

（1）政府投资项目的投资方式有（　　）。

（2）企业投资项目的投资方式有（　　）。

考点5 项目前期咨询成果的质量保证

例：保证项目前期咨询成果质量的基础是（A）。

A. 项目经理责任制　　B. 成果质量评审制

C. 成果质量评价标准　　D. 咨询服务成果要求

考点点评

1. 选项B、C、D都属于干扰选项。

2. 质量评审包括内部评审和外部评审。加强项目前期各中间环节成果的评审是确保最终成果质量的重要手段。

3. 关于成果评价标准还可能这样考查：

关于项目前期策划成果的质量保证及其评价标准的说法，正确的有（CDE）。

A. 项目前期策划的成果应全部采用定量标准来衡量和评价

B. 各类工程项目前期策划的成果一般应采用统一的评价标准

C. 委托单位满意是对咨询服务成果的基本要求

D. 咨询服务成果应符合国家有关法律法规的要求

E. 项目经理责任制是保证项目前期策划工作质量的基础

考点6　项目决策的分类和过程

例：按决策的对象划分，工程项目决策可分为（ABC）。

A. 投资决策　　B. 融资决策　　C. 营销决策　　D. 单目标决策
E. 多目标决策　　F. 确定型决策　　G. 风险型决策　　H. 不确定型决策

题号	拓展同类必刷题	答案
1	按目标数量多少划分，工程项目决策可分为（　　）。	DE
2	按决策问题面临的条件划分，工程项目决策可分为（　　）。	FGH

考点点评

关于工程项目决策，除了考查项目决策的分类外，项目决策的过程也有可能考查到，考生应有所了解。项目决策的过程主要分为4个阶段，按先后顺序依次为：收集信息、方案设计、方案评价、方案抉择。

考点7　项目决策分析与评价的任务和基本要求

例：在项目决策分析与评价过程中，应完成的主要任务包括（ABCDEFGHIJKL）。

A. 分析项目建设的可能性
B. 分析项目建设与产业政策的符合性
C. 分析项目建设与地区发展规划的符合性、与城乡规划的符合性
D. 分析项目建设的必要性
E. 比较并推荐先进、可靠、适用的项目建设方案
F. 计算分析项目的盈利能力、偿债能力、财务生存能力
G. 分析评价项目建设与运营所产生的外部影响
H. 分析评价项目的经济合理性
I. 分析评价项目与所处的社会环境是否和谐
J. 分析评价项目资源节约和综合利用效果
K. 分析项目存在的风险，并提出防范和降低风险的措施
L. 分析项目目标的可能实现程度，判别项目建设的必要性和技术经济的可行性

考点点评

1. 本考点在考试时一般会以判断正确与错误说法的综合题目进行考查。可能会设置的干扰选项有："确定施工单位和施工组织计划""提出并推荐企业经营管理方案"。

2. 项目决策分析与评价的基本要求包括6点，可能会考查判断正确与错误说法的综合题目。

3. 项目决策分析与评价的方法归为3类：经验判断法、数学分析法、试验法。

考点8　项目决策责任

例：在项目决策过程中，政府投资主管部门的职责和责任有（ABCDEF）。

A. 审查项目是否符合国家宏观调控政策、发展规划和产业政策
B. 审查项目是否维护了经济安全和公众利益
C. 审查项目资源开发利用和重大布局是否合理
D. 审查项目能耗指标是否先进，节能措施是否合理
E. 审查项目是否有效防止出现垄断

F. 审查项目是否有利于防范和化解社会稳定风险
G. 审查项目的申报程序是否符合有关规定、申报材料是否真实、是否按照经审批或核准的建设内容进行建设
H. 承担投资项目的市场前景、技术方案、资金来源、经济效益等方面的风险
I. 对项目是否符合环境功能区划负责
J. 对拟采取的环保措施能否有效治理环境污染和防止生态破坏负责
K. 对项目是否符合土地利用总体规划和国家供地政策负责
L. 对项目拟用地规模是否符合有关规定和控制要求负责
M. 对项目补充耕地方案是否可行负责
N. 对土地、矿产资源开发利用是否合理负责
O. 对项目是否符合城市规划要求、选址是否合理等负责

题号	拓展同类必刷题	答案
1	在项目决策过程中，项目（法人）单位的职责和责任有（　　）。	GH
2	在项目决策过程中，环境保护主管部门的职责和责任有（　　）。	IJ
3	在项目决策过程中，自然资源主管部门的职责和责任有（　　）。	KLMN
4	在项目决策过程中，城市规划主管部门的职责和责任是（　　）。	O

考点点评

1. 对于该考点，除了上述题型外，还有可能给出具体的职责来判断属于谁的责任。

2. 工程咨询单位承担咨询评估任务的规定要特别关注。根据《工程咨询行业管理办法》的规定，承担编制任务的工程咨询单位，不得承担同一事项的评估咨询任务。承担评估咨询任务的工程咨询单位，与同一事项的编制单位、项目业主单位之间不得存在控股、管理关系或者负责人为同一人的重大关联关系。

考点9　咨询机构的责任

例： 根据《工程咨询行业管理办法》的有关规定，咨询工程单位有（EFGHIJKL）行为的，由发展改革部门责令改正。

A. 在执业登记中弄虚作假
B. 准许他人以本人的名义执业
C. 接受影响公正执业的酬劳
D. 转让登记证书以及执业专用章
E. 备案信息弄虚作假
F. 违背独立公正原则，帮助委托单位骗取标准文件和国家资金
G. 泄露委托方的商业秘密和采取不正当竞争手段损害其他单位利益
H. 咨询成果有严重的质量问题
I. 未建立咨询成果文件完整档案
J. 出租资信评价等级证书
K. 提供虚假的资料申请资信评价
L. 弄虚作假帮助他人申请咨询工程师（投资）登记
M. 咨询评估报告质量低劣
N. 咨询评估报告有重大失误
O. 累计2次拒绝接受委托的任务

P. 累计 2 次未在规定时限内完成评估任务

Q. 累计 2 次未在批准的延期时限内完成评估任务

题号	拓展同类必刷题	答案
1	根据规定，咨询评估机构存在（　　）情形，国家发展改革委能依据情节轻重提出警告。	MNOPQ
2	咨询工程师（投资）有（　　）行为，由中国工程咨询协会依据情节轻重给予通报批评并且收回执业专用章。	ABCD

考点 10　咨询机构的选择

例：甲级资信评价标准分为甲级专业资信、PPP 咨询甲级专项资信以及甲级综合资信，下列可以作为评定甲级专业资信的条件有（EFGHIJKLM）。

A. 从事 PPP 咨询业务的咨询工程师（投资）7 人，法律、财务、金融等专业人员有 10 人，二者未重复计算

B. 满足甲级专业资信守法信用记录的要求

C. 近 3 年完成 PPP 咨询合同业绩 42 项

D. 从事 PPP 咨询业务 3 年

E. 单位咨询工程师（投资）12 人

F. 申请评价的专业配备了 5 个咨询工程师（投资）而且有 3 个具有本专业高级技术职称的人员，二者未重复计算

G. 单位主要的技术负责人为咨询工程师（投资），具有工程经济类高级技术职称，并且从事工程咨询业务有 10 年

H. 持完成国家级规划咨询 2 项且全部服务范围内业绩累计不少于 12 项

I. 单一服务范围内完成的业绩累计 40 项

J. 覆盖两个及以上服务范围的业绩累计 30 项

K. 项目咨询、评估咨询、全过程工程咨询三项服务范围内完成的单个项目投资额 15 亿元及以上业绩有 15 项

L. 没有列入工程咨询“黑名单”的情形

M. 单位从事工程咨询业务 6 年

N. 甲级专业资信 12 个

O. 甲级专业资信 6 个，同时咨询工程师（投资）有 36 人，13 个专业近 3 年都有业绩、12 个专业都配备了咨询工程师（投资）以及本专业高级技术职称人员各 1 人

P. 单位咨询工程师（投资）有 7 人

Q. 申请评价的专业配备了 3 个咨询工程师（投资）而且有 1 个具有本专业高级技术职称的人员，二者未重复计算

R. 单位主要的技术负责人是咨询工程师（投资），具有工程类高级技术职称，并且从事工程咨询业务 7 年

S. 申请评价的专业近 3 年全部服务范围内完成的合同业绩累计有 16 项

T. 单位从事咨询业务 4 年

U. 单位从事 PPP 咨询业务的咨询工程师（投资）有 4 人，法律、财务、金融等专业人员 6 人，二者未重复计算

V. 近 3 年完成 PPP 咨询合同业绩有 20 项

W. 单位从事 PPP 咨询业务有 2 年

题号	拓展同类必刷题	答案
1	下列条件中，可以评定为 PPP 咨询甲级专项资信的有（　　）。	ABCD
2	下列条件中，可以评定为甲级综合资信的有（　　）。	NO
3	乙级资信评价标准分为乙级专业资信和 PPP 咨询乙级专项资信，其中乙级专业资信包括（　　）。	PQRST
4	下列可以作为评定 PPP 咨询乙级专项资信的条件有（　　）。	UVW

考点点评

1. 工程咨询单位资信评价标准以近 3 年的专业技术力量、合同业绩、守法信用记录为主要指标。

2. 本考点涉及数据较多，应对比记忆。

考点 11　投资机会研究、初步可行性研究、可行性研究的目的

例： 投资机会研究的目的是（A）。

A. 发现有价值的投资机会

B. 判断项目是否有必要性

C. 判断项目是否值得投入更多的人力和资金

D. 分析、比较、论证项目是否值得投资和建设方案是否合理

题号	拓展同类必刷题	答案
1	初步可行性研究的目的有（　　）。	BC
2	可行性研究的目的是（　　）。	D

四、本章真题实训

1. **【2022 年真题】** 某项目在规划阶段确定的项目目标有：产品年产量达到 10 万 t；利用项目的专利技术开发高新产品；投产 1 年后市场占有率达到 20%；项目所得税后财务内部收益率达到 10%。上述目标中属于功能目标的是（　　）。

A. 产品年产量达到 10 万 t

B. 利用项目的专利技术开发高新产品

C. 投产 1 年后市场占有率达到 20%

D. 项目所得税后财务内部收益率达到 10%

2. **【2022 年真题】** 投资项目决策要坚持实事求是，一切从实际出发，保证数据来源可靠、计算口径一致，这体现了项目决策原则中的（　　）。

A. 科学决策原则　　B. 民主决策原则

C. 可持续发展原则　　D. 风险责任原则

3. **【2022 年真题】** 需要申请中央政府投资补助或者贴息资金的项目，申请单位应按照有关公告或通知的要求，向中央政府投资主管部门提交（　　）。

A. 项目建议书　　B. 项目申请报告

C. 资金申请报告　　D. 可行性研究报告

4. **【2022 年真题】** 根据《工程咨询行业管理办法》（国家发展改革委令第 9 号），关于工程咨询成果质量责任的说法，正确的是（　　）。

A. 工程咨询单位对咨询成果质量负总责

B. 项目咨询团队对其咨询成果文件质量承担主要直接责任
C. 参与咨询服务的人员对咨询成果文件质量承担连带责任
D. 主持咨询业务的人员在离开承担咨询工作的单位后，不再对该咨询成果质量承担责任

5.【2021 年真题】关于项目决策责任的说法，正确的是（　　）。
A. 政府投资主管部门对核准项目投资总额的控制负责
B. 项目单位对项目的风险和收益负责
C. 项目咨询机构对项目的决策程序负责
D. 项目备案部门有权否定项目的技术方案

6.【2021 年真题】项目实施机构应对公共服务类 PPP 项目实施方案进行（　　）验证。
A. 物有所值和项目盈利能力　　B. 物有所值和财政承受能力
C. 盈利能力和财政承受能力　　D. 项目抗风险能力和盈利能力

7.【2020 年真题】下列实行备案制的企业投资项目信息中，属于企业应在开工前向备案机关告知的是（　　）。
A. 项目的资金来源　　B. 项目的财务效益
C. 项目的技术选择　　D. 项目的总投资额

8.【2020 年真题】关于境外投资项目管理的说法，正确的是（　　）。
A. 境外投资项目实行核准的范围包括敏感类项目和非敏感类项目
B. 境外投资项目的核准机关是国家发展改革委
C. 境外投资项目应实行备案管理
D. 境外投资项目由政府审批

9.【2020 年真题】根据《工程咨询行业管理办法》，咨询工程师（投资）的下列行为中，中国工程咨询协会可以给予警告、通报批评、注销登记证书并收回执业专用章的是（　　）。
A. 未及时进行执业登记的　　B. 准许他人以本人名义执业的
C. 保管不当损坏登记证书的　　D. 个人接受委托咨询服务的

10.【2020 年真题】下列咨询单位的相关情形中，不属于资信等级评价时应考虑的因素是（　　）。
A. 合同业绩　　B. 拥有咨询工程业绩量
C. 技术力量　　D. 企业所有制属性

11.【2020 年真题】关于政府委托项目评估回避机制的说法，正确的是（　　）。
A. 评估机构与项目业主单位存在控股关系的可不回避
B. 承担评估任务的咨询机构与项目业主单位可以存在管理关系
C. 与承担评估机构有重大关联关系的机构不需要回避同一事项的后评价任务
D. 承担评估任务的咨询机构不能借机向项目单位承揽该项目的监理任务

12.【2019 年真题】关于政府投资项目与企业投资项目异同点的说法，正确的是（　　）。
A. 融资的渠道相同　　B. 投资估算的方法不同
C. 投资的主体相同　　D. 投资的范围不同

13.【2019 年真题】关于前期咨询成果要求的说法，错误的是（　　）。
A. 符合可持续发展要求　　B. 必须具有可操作性
C. 服从委托人的意见　　D. 不得损害公众利益

14.【2022 年真题】核准机关核准企业投资项目时，应审查的内容包括（　　）。
A. 是否危害经济安全、社会安全、生态安全等国家安全
B. 是否符合相关发展建设规划、技术标准和产业政策
C. 是否合理开发市场并取得良好经济效益
D. 是否对重大公共利益产生不利影响

E. 是否符合企业战略方向

15. 【2021 年真题】根据《国家发展改革委投资咨询评估管理办法》，国家发展改革委可以根据情节严重程度对咨询评估机构做出相应处罚的情况有（　　）。

A. 咨询评估报告有重大失误或质量低劣的

B. 咨询评估机构中有咨询工程师在执业登记中弄虚作假的

C. 咨询评估机构累计两次拒绝接受委托任务的

D. 咨询评估机构中有咨询工程师准许他人以本人名义执业的

E. 咨询评估机构累计两次未在规定时限或经批准的延期时限内完成评估任务的

16. 【2021 年真题】根据《工程咨询单位资信评价标准》，对咨询单位乙级资信评价标准的要求有（　　）。

A. 咨询工程师（投资）不少于 6 人

B. 申请评价的专业近 3 年全部服务范围内的业绩累计不少于 15 项

C. 工程咨询单位及其专业技术人员应具有良好的声誉和信用

D. 单位主要负责人为咨询工程师（投资）且从事工程咨询业务不少于 5 年

E. 单位从事工程咨询业务不少于 3 年

17. 【2019 年真题】下列工作中，属于政府投资项目决策程序工作的有（　　）。

A. 编制项目可行性研究报告

B. 编制项目建议书

C. 进行项目评估与审批

D. 进行项目评估与核准

E. 进行项目评估与备案

18. 【2018 年真题】关于决策和投资项目决策的说法，正确的有（　　）。

A. 根据决策问题面临条件的不同，决策可分为确定型、风险型和不确定型

B. 决策过程分为信息收集、方案构造设计、方案选择 3 个阶段

C. 投资项目在决策中均采用公众参与形式

D. 企业投资项目原则上由企业依法依规自主决策

E. 投资项目最终决策应由咨询机构做出

五、本章真题实训答案及解析

1. B。选项 A 属于规模目标；选项 C 属于市场目标；选项 D 属于效益目标。

2. A。科学决策原则包括方法科学、依据充分和数据可靠。本题考查的是数据可靠。

3. C。需要申请投资补助或者贴息资金的项目，申请单位向中央政府投资主管部门报送项目资金申请报告。

4. A。主持该咨询业务的人员对咨询成果文件质量负主要直接责任，参与人员对其编写的篇章内容负责，故选项 B、C 错误。实行咨询成果质量终身负责制，形成工程咨询成果质量追溯机制，故选项 D 错误。

5. B。政府投资主管部门对项目的审批（核准）以及向国务院提出审批（核准）的审查意见承担责任，故选项 A 错误。项目（法人）单位对项目的申报程序是否符合有关规定、申报材料是否真实、是否按照经审批或核准、备案的建设内容进行建设，并承担投资项目的市场前景、技术方案、资金来源、经济效益等方面的风险，故选项 B 正确，选项 C、D 错误。

6. B。应进行物有所值和财政承受能力验证。

7. D。根据《企业投资项目核准和备案管理条例》第十三条规定，实行备案管理的项目，企业应当在开工建设前通过在线平台将下列信息告知备案机关：①企业基本情况；②项目名称、建设地点、建设规模、建设内容；③项目总投资额；④项目符合产业政策的声明。

8. B。境外投资项目实行核准管理的范围是投资主体直接或通过其控制的境外企业开展的敏感类项目，不包括非敏感类项目。故选项 A 错误。国家根据不同情况对境外投资项目分别实行核准和备案管理。故选项 C 错误。境外投资项目的核准机关是国家发展改革委。故选项 D 错误。

9. B。《工程咨询行业管理办法》第三十一条规定，咨询工程师（投资）有下列行为之一的，由中国工程咨询协会视情节轻重给予警告、通报批评、注销登记证书并收回执业专用章。触犯法律的，依法追究法律责任：①在执业登记中弄虚作假的；②准许他人以本人名义执业的；③涂改或转让登记证书和执业专用章的；④接受任何影响公正执业的酬劳的。

10. D。工程咨询单位资信评价时考虑的因素包括：专业技术力量、合同业绩、守法信用记录。

11. D。承担某一事项咨询评估任务的评估机构，与同一事项的编制单位、项目业主单位之间不得存在控股、管理关系或者负责人为同一人的重大关联关系。故选项 A、B 错误。承担咨询评估任务的评估机构及与其有重大关联关系的机构不得承担同一事项的后评价任务。故选项 C 错误。

12. D。政府投资项目与企业投资项目决策的区别，主要体现在 4 个方面，根据投资主体不同，决策人不同，可判断选项 D 正确。

13. C。让委托者满意，不意味着要服从委托人的意见，所以选项 C 错误。

14. ABD。根据《关于企业投资项目核准和备案管理的实施办法》第三十四条的规定，项目核准机关应当从以下方面对项目进行审查：①是否危害经济安全、社会安全、生态安全等国家安全；②是否符合相关发展建设规划、产业政策和技术标准；③是否合理开发并有效利用资源；④是否对重大公共利益产生不利影响。

15. ACE。咨询工程师（投资）有选项 B、D 行为的，由中国工程咨询协会视情节轻重给予警告、通报批评、注销登记证书并收回执业专用章。触犯法律的，依法追究法律责任。

16. ABCE。选项 D 错在“5 年”，单位咨询工程师不少于 6 人，单位主要负责人为咨询工程师（投资）且从事工程咨询业务不少于 6 年。

17. AB。审批制项目决策程序：编制项目建议书（初步可行性研究报告）→项目建议书的受理与审批→编制项目可行性研究报告→项目可行性研究报告的受理与审批→转入项目实施准备阶段，组织初步设计。

18. AD。选项 B 错误，决策过程分为 4 个阶段，还包括方案评价。选项 C 错误，并非全部需要公众参与。选项 E 错误，不同项目类型区别对待。

六、本章同步练习

（一）单项选择题（每题 1 分。每题的备选项中，只有 1 个最符合题意）

1. 某城市水环境综合治理工程，欲使城市污水处理率从 36% 提高到 70%，并使河道水体达到符合旅游景观水质标准。该目标属于项目的（　　）。

A. 市场目标　　B. 规模目标　　C. 功能目标　　D. 效益目标

2. 关于项目决策分析与评价基本要求的说法，正确的是（　　）。

A. 多方案比选时应当首先采用专家评分法　　B. 资料数据准确可靠

C. 以静态分析为主　　D. 以定性分析为主

3. 政府投资项目实行审批制，除情况特殊影响重大外，一般不再审批（　　）。

A. 开工报告　　B. 项目建议书

C. 初步设计　　D. 项目可行性研究报告

4. 对于项目单位缺乏相关专业技术人员和建设管理经验的直接投资项目，项目审批部门在批复可行性研究报告时要求执行（　　）。

A. 代理建设制度　　B. 项目核准制度

C. 工程监理制度　　D. 项目经理责任制

5. 对关系国家安全和生态安全、涉及全国重大生产力布局、战略性资源开发和重大公共利益等项目，实行（　　）管理。

A. 备案　　B. 核准　　C. 许可　　D. 登记

6. 下列关于初步可行性研究的说法，正确的是（　　）。

A. 初步可行性研究与可行性研究的深度基本一致

B. 所有项目都必须进行初步可行性研究

C. 初步可行性研究是从宏观上分析论证建设的必要性和可能性

D. 初步可行性研究的成果是可行性研究报告

7. 项目决策过程可以依次分为（　　）4 个阶段。

A. 项目设想、项目研究、项目设计和项目决策

B. 前评价、中间评价、完工评价和后评价

C. 信息收集、方案设计、方案评价和方案抉择

D. 可行性研究、环境影响评价、申请报告和项目核准

8. 关于项目建议书的说法，正确的是（　　）。

A. 政府投资项目中，项目申请报告是立项的必要程序

B. 企业根据自身的需要可以自主选择前期不同阶段的研究成果作为立项的依据

C. 政府投资项目中，投资机会研究报告可以代替可行性研究报告

D. 建设项目决策分析与评价阶段最重要的工作是项目建议书

（二）多项选择题（每题 2 分。每题的备选项中，有 2 个或 2 个以上符合题意，至少有 1 个错项。错选，本题不得分；少选，所选的每个选项得 0.5 分）

1. 某工业建设项目的具体目标中，属于功能目标的有（　　）。

A. 污水处理达标排放　　B. 提高产品市场份额

C. 扩大生产规模　　D. 调整产品结构

E. 引进先进技术

2. 根据决策对象的不同，决策可分为（　　）。

A. 多目标决策　　B. 投资决策

C. 确定型决策　　D. 融资决策

E. 营销决策

3. 实行企业投资核准制的项目，核准机关在受理项目申请书后，应当从（　　）等方面对项目进行审查。

A. 是否危害经济安全、社会安全、生态安全等国家安全

B. 是否符合有关专项工作方案或管理办法的要求

C. 是否符合相关发展建设规划、技术标准和产业政策

D. 是否合理开发并有效利用资源

E. 是否对重大公共利益产生不利影响

4. 甲级咨询机构专业资信应满足的条件有（　　）。

A. 单位咨询工程师（投资）不少于 12 人

B. 申请评价的专业应配备至少 3 名咨询工程师（投资）和至少 1 名具有本专业高级技术职称的人员，二者不重复计算

C. 单位主要技术负责人为咨询工程师（投资），具有工程或工程经济类高级技术职称，且从事工程咨询业务不少于 8 年

D. 单一服务范围内完成的业绩累计不少于 40 项，或覆盖两个及以上服务范围的业绩累计不少于 30 项

E. 单位从事工程咨询业务不少于 3 年

5. 项目决策分析与评价的方法包括（　　）。

A. 经验判断法

B. 数学分析法

C. 统计分析法

D. 经验估计法

E. 试验法

6. 成果质量评价标准一般应考虑（　　）。

A. 项目前期咨询成果与工程管理服务的相关性

B. 项目前期咨询成果与国家有关法律法规政策的符合性

C. 项目前期咨询成果与国民经济和社会事业发展目标的一致性

D. 项目前期咨询成果与委托单位要求的满意度

E. 项目前期咨询成果与各方利益权衡的关联性

七、本章同步练习答案

（一）单项选择题

1. D	2. B	3. A	4. A	5. B
6. C	7. C	8. B		

（二）多项选择题

1. CDE	2. BDE	3. ACDE	4. ACD	5. ABE
6. BCD				

第二章

项目规划及其报告

一、本章核心考点分布

- 项目规划及其报告
  - 项目规划的作用、特点和编制原则（2017年、2018年、2019年、2020年、2021年、2022年）
  - 产业发展规划报告的重点内容（2021年、2022年）
  - 企业发展规划的分析方法（2017年、2018年、2021年、2022年、2023年）
  - 产业发展规划常用分析方法
  - 园区发展规划报告的编制（2021年、2022年）
  - 产业园区发展规划报告的内容（2023年）
  - 规划环境影响评价的适用范围和责任主体（2022年）
  - 规划环境影响评价的原则和内容（2022年）
  - 项目用地预审（2019年、2022年）
  - 土地资源综合利用分析评价指标（2018年）

二、专家剖析考点

1. 产业发展规划、企业发展规划、园区发展规划的任务、作用、特点、编制原则是易混项，应对比记忆。可能以多项选择题形式考查编制原则。编制园区发展规划的5大原则，考查题型是根据备选项，判断属于哪个原则，单选题、多选题都有可能出现。

2. 产业发展规划报告、企业发展规划报告、园区发展规划报告的重点内容是本章的重要考点，可能以综合题的形式考查。

3. 对标分析、企业竞争力分析、价值链分析在备考复习时应理解记忆。

4. 产业发展规划常用的分析方法作为一般考点，熟悉即可。

5. 规划环境影响分析的适用范围应重点掌握，会考核判断正确与错误说法的综合题目。规划环境影响分析的主要内容应了解。

6. 土地资源利用分析评价指标包括农用地综合利用评价指标、建设用地主要评价指标和土地生态主要评价指标，应对比记忆，避免混淆。

7. 建设项目用地预审的申请单位、审查部门、分级管理及有效性，要重点掌握，以综合题目形式考查为主，复习备考时应予以关注。

三、本章核心考点必刷题

考点1　项目规划的作用、特点和编制原则

例1：产业发展规划的特点包括（BFGH）。

A. 前瞻性　B. 相关性　C. 可操作性　D. 针对性
E. 认同性　F. 导向性　G. 约束性　H. 时效性

题号	拓展同类必刷题	答案
1	企业发展规划的特点包括（　　）。	ACDEH

考点点评

1. 有关产业发展规划的内容，比较重要的考点有3个，分别是产业发展规划的作用、特点和编制原则。其中，特点和编制原则易混淆。

2. 产业发展规划的作用进行考查时，可能以说法类选择题的形式呈现，如下面这道题：

关于产业发展规划作用的说法，正确的有（ABCDEF）。

A. 指导产业合理有序发展　B. 推动区域产业的优势组合
C. 引导和约束投资方向　D. 促进资源合理配置
E. 完善并优化产业结构　F. 为相关专项规划提供基础数据和依据

例2：根据产业发展规划工作的任务和特点，产业发展规划报告编制应遵循的原则包括（ABCDE）。

A. 前瞻性原则　B. 合规性原则
C. 产业关联原则　D. 可操作性原则
E. 持续性原则　F. 差异化原则
G. 价值递增原则　H. 取舍原则
I. 创新原则　J. 绿色发展原则
K. 集约发展原则　L. 循环发展原则
M. 弹性发展原则　N. 针对性原则
O. 协同发展原则　P. 低碳发展原则

题号	拓展同类必刷题	答案
1	根据企业发展规划工作的任务和特点，企业发展规划报告编制应遵循的原则包括（　　）。	BEFGHI
2	为了能够制订出前瞻性、科学性、可行性的园区发展规划，使其具有合理、有效、可操作性，应遵守的原则有（　　）。	JKLMNOP
3	编制园区发展规划时，树立底线思维，严守资源消耗上限、环境质量底线、生态保护红线，将各类开发活动限制在资源环境承载能力之内的要求，这体现了（　　）。	J
4	园区发展规划应严格执行建设用地控制指标要求，统一规划物流、给水排水、供电、供热、污水处理等设施，这体现了园区发展规划原则中的（　　）。	K
5	坚持高起点整体规划、分步实施、重点开发的原则，立足于规划实施的可行性和预见性，协调好近期建设与远景规划的关系，体现了园区发展规划编制原则中的（　　）。	M

考点2 产业发展规划报告的重点内容

例： 产业现状分析是产业发展规划的基础，分析内容包括（ABCDEFGHIJ）。

A. 宏观环境分析　　B. 行业环境分析
C. 竞争环境分析　　D. 规划主体产业现状分析
E. 规划依托的生产力要素条件分析　　F. 支撑产业发展的资源条件分析
G. 国家宏观政策分析　　H. 行业发展政策分析
I. 行业准入条件分析　　J. 行业标准和规范分析

题号	拓展同类必刷题	答案
1	产业发展规划报告编制内容中，外部环境分析内容包括（　　）。	ABC
2	产业发展规划报告编制内容中，内部环境分析内容包括（　　）。	DEF
3	产业发展规划报告编制内容中，产业政策分析内容包括（　　）。	GHIJ

考点点评

产业发展规划报告的重点内容包括产业现状分析、产业发展定位、规划实施方案。产业发展定位是规划核心和纲领性内容。规划实施方案对产业框架结构、产业发展思路、产业布局、规划备选项目、外部条件需求、建设时序等进行规划效果分析。

考点3 企业发展规划的分析方法

例： 企业发展规划的重要工具之一是企业竞争力分析。在企业竞争力分析的过程中，外部属性竞争力包括（ABCDE）。

A. 品牌能力　　B. 研发能力　　C. 营销能力　　D. 制造能力
E. 产品能力　　F. 资源能力　　G. 决策能力　　H. 执行能力
I. 整合能力

题号	拓展同类必刷题	答案
1	在企业竞争力分析的过程中，内部属性竞争力包括（　　）。	FGHI

考点点评

1. 分析企业竞争力时，可采用专家评分法。

2. 除企业竞争力分析之外，企业规划的重要工具还有对标分析、SWOT 分析和价值链分析。对标分析、价值链分析内容的考查次数较多，且多以说法类选择题的形式呈现，考查难度较大，主要内容如下：

（1）所谓对标分析，可简单理解为“找个榜样，向他学习”。对标可以将外部企业的持久业绩作为自身企业的内部发展目标，也可以选择竞争对手、行业领先企业、跨行业的技术标杆或按客户需求进行选择。

（2）关于价值链分析，需要掌握以下知识点：

1）将成本、收入和资产分配到“有价值的作业中”。

2）以事实为基础，以假设为导向。

3）关键要对成本和利益在各经营环节中公平分配，要基于价值链分析。

考点 4　产业发展规划常用分析方法

例：进行产业发展规划调研时常用的分析方法有（ABCDE）。

A. 文献收集法
B. 现场调研法
C. 会议座谈法
D. 案例调查法
E. 抽样调查法
F. SWOT 分析
G. 宏观环境分析
H. 成本分析
I. 环境性质识别
J. 差异化战略分析
K. 产业生命周期分析
L. 价值链分析
M. 波特五力模型
N. 区域竞争优势分析——钻石模型
O. 波士顿模型
P. 竞争能力组合评估
Q. 趋势预测法
R. 相关分析法
S. 层次分析法
T. 非参数统计分析法
U. 需求弹性分析
V. 头脑风暴法
W. 专家咨询法
X. 创新策划法
Y. 标杆分析

题号	拓展同类必刷题	答案
1	分析阶段进行产业发展规划常用的分析方法有（　　）。	FGHIJKLMNOPQRSTU
2	分析阶段进行产业发展规划常用的定性分析方法有（　　）。	FGIJKLMNOP
3	分析阶段进行产业发展规划常用的定量分析方法有（　　）。	HQRSTU
4	策划阶段进行产业发展规划常用的分析方法有（　　）。	QVWXY

考点 5　园区发展规划报告的编制

例：关于一类工业园区用地布局的说法，正确的有（ABCDE）。

A. 可设置在城市住宅区的相邻地段
B. 用地和住宅区之间宜设置防护绿带
C. 宜集中设置组成工业区且相对独立
D. 工业区与住宅区之间宜有商业或工业办公建筑作为缓冲区
E. 有完善的交通系统
F. 用地不得与居住用地混杂，应单独设置
G. 居住区之间必须根据其污染程度布置符合防护距离的绿化防护带
H. 有水污染物排放的企业不得布置在城市水源地上游地区
I. 有大气污染物排放的企业不得布置在城市上风向
J. 有较为完善的道路系统
K. 相对独立设置，远离住宅区，与住宅区之间有较宽的防护绿地
L. 严禁设置在水源保护地和历史文化保护区、自然保护区、风景名胜区的保护范围
M. 工业区选址以处于主城区全年最小频率风向的上风向为宜
N. 工业区与周围居住区、生活服务区必须设置一定的绿化隔离带
O. 应处于良好的生态环境或景色优美的环境之中
P. 以邻近高等教育院校或研究发展机构为宜，以增强与业界之间的合作
Q. 可设置在居住区邻近，作为一般工业和居住区之间的“过渡地区”

题号	拓展同类必刷题	答案
1	二类工业园区用地布局符合规定的有（　　）。	FGHIJ
2	三类工业园区用地布局符合规定的有（　　）。	KLMN
3	高新技术园区用地布局符合规定的有（　　）。	OPQ

考点点评

园区发展规划报告的编制内容包括14项，可能会考查多项选择题。通过下面题目来学习：

园区发展规划报告的编制内容包括（ABCDEFGHIJKJLMN）。

A. 发展定位、目标与规模

B. 产业发展规划

C. 规范范围、期限及编制依据

D. 重点支撑项目及其投资与效益分析

E. 规划统筹协调

F. 绿地和景观系统规划

G. 综合防灾规划

H. 规划分期

I. 规划保障措施

J. 规划主要图样

K. 空间组织与用地规划

L. 交通系统规划

M. 环境保护规划

N. 市政基础设施规划与园区生活服务配套设施

考点6　产业园区发展规划报告的内容

例：下列产业园区发展规划报告内容中，具有重中之重地位的是（B）。

A. 园区规划背景分析

B. 园区产业定位分析和空间布局分析

C. 园区经营测算和招商策略分析

D. 园区运营服务模式分析

题号	拓展同类必刷题	答案
1	产业园区发展规划报告内容包括（　　）。	ABCD

考点7　规划环境影响评价的适用范围和责任主体

例：关于规划环境影响评价的说法，正确的有（ABCDEFGH）。

A. 土地利用的有关规划应当进行环境影响评价

B. 区域、流域、海域的建设、开发利用规划应当进行环境影响评价

C. 工业、农业、畜牧业、林业、能源的专项规划，应当进行环境影响评价

D. 水利、交通、城市建设、旅游、自然资源开发的专项规划，应当进行环境影响评价

E. 编制综合性规划，应当编写环境影响篇章或者说明

F. 编制专项规划应当在规划草案报送审批前编制环境影响报告书

G. 编制专项规划中的指导性规划，应当编写环境影响篇章或者说明

H. 规划编制机关应当对环境影响评价文件的质量负责

考点点评

1. 选项A、B、C、D属于适用范围，会这样命题："下列项目中，应当进行环境影响评价的有（　　）"。

2. 选项E、F、G、H不仅会单独考查单项选择题，还可能在判断正确与错误说法的综合题目中出现。

考点 8　规划环境影响评价的原则和内容

例：规划环境影响评价中，现状调查与评价的内容包括（ABCDE）。

A. 说明评价区域内环境敏感区、重点生态功能区的分布情况及其保护要求

B. 分析区域水资源、土地资源、能源等各类自然资源现状利用水平和变化趋势

C. 评价区域环境质量达标情况和演变趋势

D. 评价区域生态系统结构与功能状况和演变趋势

E. 明确区域主要生态环境问题、资源利用和保护问题及成因

F. 规划开发强度的分析

G. 评价水环境、大气环境、土壤环境、声环境的影响，对生态系统完整性及景观生态格局的影响

H. 估算不同情景下规划实施对各类支撑性资源的需求量和主要污染物的产生量、排放量，以及主要生态因子的变化量

I. 评价不同情景下规划实施对生态系统结构和功能、环境质量、环境敏感区的影响范围和程度

J. 明确规划实施后能否满足环境目标的要求

题号	拓展同类必刷题	答案
1	规划环境影响评价内容中，环境影响预测与评价一般包括（　　）。	FGHIJ

考点点评

1. 规划环境影响评价的主要内容通过下面题目来学习：

规划环境影响评价的主要内容包括（ABCDEFGH）。

A. 规划分析

B. 环境影响识别与评价指标体系构建

C. 规划方案综合论证和优化调整建议

D. 环境影响减缓对策和措施

E. 环境影响跟踪评价计划

F. 说明公众意见、会商意见回复和采纳情况

G. 现状调查与评价

H. 环境影响预测与评价

2. 规划环境影响评价的原则包括 3 方面：早期介入、过程互动；统筹衔接、分类指导；客观评价、结论科学。

考点 9　项目用地预审

例：建设项目用地预审申请报告的内容包括（ABCDE）。

A. 拟建项目的基本情况

B. 拟选址占地情况

C. 拟用地是否符合土地利用总体规划

D. 拟用地面积是否符合土地使用标准

E. 拟用地是否符合供地政策

考点点评

1. 注意区分建设项目用地预审申请报告的内容与建设项目用地预审的内容。

2. 关于该考点还需要掌握以下几个知识点：

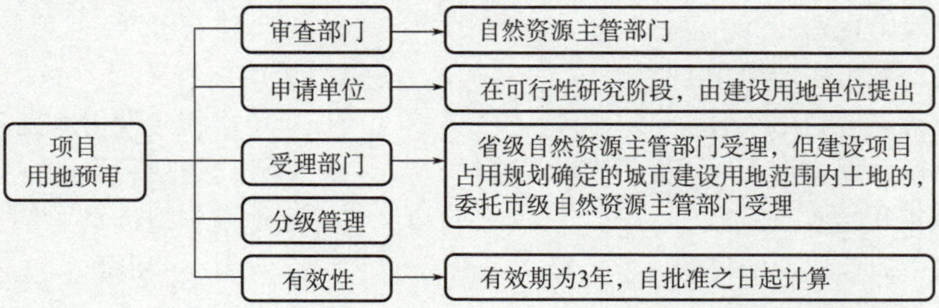

考点10　土地资源综合利用分析评价指标

例1： 下列农用地综合利用评价指标中，属于内部效应的指标有（ABCDEFGHIJKLMNOPQRS）。

A. 农用地总量平衡指数　B. 破碎度
C. 连接度　D. 分维数
E. 功能流流量　F. 功能流速度
G. 有效土层厚度　H. 表层土壤质地
I. 剖面构型　J. 盐渍化程度
K. 土壤污染状况　L. 土壤有机质含量
M. 土壤酸碱度（pH 值）　N. 土壤障碍层次
O. 排水条件　P. 地形坡度
Q. 灌溉保证率　R. 地表岩石露头状况
S. 灌溉水源　T. 生态旅游净收益
U. 粮食保证率　V. 农业就业劳动力比重
W. 单位面积净产值　X. 单位面积固定资产投入
Y. 农村居民人均纯收入　Z. 单位面积农用地固碳量
A1. 释放 O_2 量　B1. 释放 CH_4 量
C1. 释放 SO_2 吸收量　D1. 滞尘量
E1. 农用地临近水源水质指数　F1. 水资源盈亏
G1. 物种多样性指数　H1. 农用地综合利用结构多样性指数

题号	拓展同类必刷题	答案
1	下列农用地综合利用评价指标中，属于外部效应的指标有（　　）。	TUVWXYZA1B1C1D1E1F1G1H1
2	下列农用地综合利用评价指标中，属于农用地综合利用系统结构指数指标的有（　　）。	ABCD
3	下列农用地综合利用评价指标中，属于农用地综合利用系统功能指数指标的有（　　）。	EF
4	下列农用地综合利用评价指标中，属于土壤条件指数指标的有（　　）。	GHIJKLMNOPQRS
5	下列农用地综合利用评价指标中，属于社会效应指标的有（　　）。	TUV
6	下列农用地综合利用评价指标中，属于经济指标的有（　　）。	WXY
7	下列农用地综合利用评价指标中，属于生态环境指标的有（　　）。	ZA1B1C1D1E1F1G1H1

例2： 下列建设用地主要评价指标中，属于建设用地效益评价指标的有（NOPQRSTUVWXYZA1B1C1D1E1F1）。

A. 土地建设利用率　B. 水库水面利用率
C. 人均农村居民点用地面积　D. 建制镇面积比例
E. 土地闲置率　F. 城市建筑密度
G. 人均城市用地面积　H. 城镇化水平
I. 城市土地利用系数　J. 单位面积建设用地就业人数
K. 单位面积建设用地固定资产投资　L. 对外交通便利程度
M. 城市用地扩展系数　N. 土地基本地价水平
O. 城市商业用地的比例　P. 工业用地产出率
Q. 单位建设用地产值　R. 非农产业占地系数

S. 开发区土地产出

T. 开发区土地收益

U. 城市人均居住面积

V. 社会人文环境

W. 在岗职工人均工资

X. 单位建设用地从业人员

Y. 城市基础设施条件

Z. 用地布局分散程度

A1. 绿化率

B1. 单位面积工业废水量

C1. 单位面积废气排放量

D1. 建设用地占用农用地水平

E1. 后备资源满足程度

F1. 用地保障程度和区位条件

题号	拓展同类必刷题	答案
1	下列建设用地主要评价指标中，属于建设用地开发利用程度评价指标的有（　　）。	ABCDEFG
2	下列建设用地主要评价指标中，属于建设用地集约经营程度评价指标的有（　　）。	HIJKLM
3	下列建设用地主要评价指标中，属于建设用地经济效益指标的有（　　）。	NOPQRST
4	下列建设用地主要评价指标中，属于建设用地社会效益指标的有（　　）。	UVWXYZ
5	下列建设用地主要评价指标中，属于建设用地生态效益指标的有（　　）。	A1B1C1
6	下列建设用地主要评价指标中，属于建设用地资源效益指标的有（　　）。	D1E1F1

例3：土地生态环境状况评价指标体系包括5个分指数和1个环境限制指数，其中5个分指数是指（ABCDE）。

A. 生物丰度指数

B. 植被覆盖指数

C. 水网密度指数

D. 土地胁迫指数

E. 污染负荷指数

考点点评

1. 生态环境状况指数（EI）=0.35×生物丰度指数+0.25×植被覆盖指数+0.15×水网密度指数+0.15×(100－土地胁迫指数)+0.10×(100－污染负荷指数)+环境限制指数。

2. 环境限制指数是约束性指标，比如重大生态破坏、环境污染和突发环境事件。

四、本章真题实训

1.【2023年真题】编制企业发展规划的任务是（　　）。

A. 明确企业发展远景和战略目标

B. 明确企业长远方向和长远目标

C. 明确企业近期的方向、目标和实施方案

D. 明确实现企业发展目标的实施步骤以及年度经营计划

2.【2022年真题】下列产业现状分析中，属于内部资源分析内容的是（　　）。

A. 行业准入条件

B. 产品的市场竞争状况

C. 规划主体的产业基础

D. 产业所处的社会结构

3.【2022年真题】下列方法中，常用于企业发展规划分析的是（　　）。

A. SWOT分析法

B. 概率树法

C. 关键路径法

D. 赢得值法

4.【2021年真题】下列企业竞争力“九力”模型，属于外部属性竞争力指标的是（　　）。

A. 资源能力

B. 品牌能力

C. 整合能力

D. 决策能力

5. 【2021 年真题】根据《城市用地分类与规划建设用地标准》（GB 50137—2011），二类工业用地指的是（　　）。

A. 对居住和公共环境完全没有干扰、污染和安全隐患

B. 对居住和公共环境基本无干扰、污染和安全隐患

C. 对居住和公共环境有一定干扰、污染和安全隐患

D. 对居住和公共环境有严重干扰、污染和安全隐患

6. 【2020 年真题】园区发展规划应立足于规划实施的可行性和预见性，协调好近期建设与远景规划的关系，适应产业发展的不确定性。这体现了园区发展规划编制原则中的（　　）原则。

A. 绿色发展　　B. 集约发展　　C. 弹性发展　　D. 因地制宜

7. 【2019 年真题】某太阳能光伏企业制订了未来 5 年内建成 10 家技术先进的标准工厂的项目方案，该方案从类型划分上属于（　　）。

A. 企业发展战略　　B. 企业发展规划

C. 企业经营规划　　D. 企业发展愿景

8. 【2018 年真题】下列建设用地效益评价指标中，属于表征建设用地社会效益的指标是（　　）。

A. 用地布局分散程度　　B. 基础设施项目用地保障程度

C. 非农产业占地系数　　D. 单位建设用地产值

9. 【2022 年真题】下列编制内容中，属于规划环境影响评价内容的有（　　）。

A. 环境质量现状与生态状况　　B. 公众意见以及回复与采纳情况

C. 资源与环境承载力的评估　　D. 规划实施的财务效益

E. 规划项目布局

10. 【2021 年真题】关于项目规划的说法，正确的有（　　）。

A. 产业发展规划确定的产业方向，对招商引资具有导向作用

B. 产业发展规划侧重于产业内部有机结合，与城市总体规划无关

C. 企业发展规划应针对企业自身特点和发展阶段制订

D. 企业发展规划应服从企业计划，制订细节性的实施步骤

E. 项目规划应根据发展环境和形势变化，进行滚动调整和修编

11. 【2020 年真题】关于企业发展规划的说法，正确的有（　　）。

A. 企业发展规划应具有前瞻性

B. 企业发展规划应对标一流企业，模仿对标企业制订发展规划

C. 企业发展规划必须是可执行的

D. 企业发展规划无须得到企业中、高层的一致认同

E. 企业发展规划应根据环境和形式的变化进行修编

12. 【2019 年真题】关于项目用地预审的说法，正确的有（　　）。

A. 项目用地预审实行分级管理

B. 实行备案管理的项目无须进行用地预审

C. 需审批的项目在项目建议书阶段，由建设用地单位提出预审申请

D. 项目用地预审意见是审批项目可行性研究报告的必备文件

E. 项目用地预审文件自批准之日起，有效期为 3 年

五、本章真题实训答案及解析

1. C。选项 A、B 属于企业战略规划的任务；选项 D 属于企业计划。

2. C。选项 A 属于产业政策分析内容；选项 B、D 属于外部资源分析内容。

3. A。企业发展规划的分析方法包括企业对标分析、企业竞争力分析、企业价值链分析和企业 SWOT 分析。

4. B。外部属性竞争力：品牌能力、研发能力、营销能力、制造能力、产品能力。

5. C。二类工业用地是对居住和公共环境有一定干扰、污染和安全隐患的工业用地。

6. C。园区发展规划编制原则包括 7 项，其中弹性发展原则是：坚持高起点整体规划、分步实施、重点开发的原则；立足于规划实施的可行性和预见性，协调好近期建设与远景规划的关系，适应产业发展的不确定性，规划方案保持一定的灵活性。

7. B。本题中该方案从类型划分上属于企业发展规划。

8. A。选项 B 属于资源效益指标。选项 C、D 属于经济效益指标。建设用地的社会效益指标包括城市人均居住面积、社会人文环境、在岗职工人均工资、单位建设用地从业人员、城市基础设施条件、用地布局分散程度。

9. ABCE。选项 A 属于规划环境影响评价内容中的现状调查与评价。选项 B 属于说明公众意见、会商意见回复和采纳情况。选项 C 属于规划环境影响评价内容中的环境影响预测与评价。选项 E 属于规划环境影响评价内容中的规划分析。

10. ACE。选项 B 错误，产业发展规划与城市总体规划等上位规划和相关规划存在相关性。选项 D 错误，企业计划应服从企业发展规划。

11. ACE。企业发展规划要针对企业自身特点和发展阶段，客观分析企业现状，发现企业优势，剖析存在问题，挖掘企业核心竞争力。企业发展规划的最大忌讳是千篇一律，故选项 B 错误。企业发展规划应真正得到企业上下一致的认同，故选项 D 错误。

12. ADE。需备案的建设项目，由与备案机关同级的自然资源主管部门预审。故选项 B 错误。需审批的建设项目在可行性研究阶段，由建设用地单位提出预审申请。故选项 C 错误。项目用地预审实行分级管理。故选项 A 正确。建设项目用地预审文件有效期为 3 年，自批准之日起计算。故选项 E 正确。选项 D 说法正确，项目用地预审意见是审批项目可行性研究报告、核准项目申请报告的主要前置条件和必备文件。

六、本章同步练习

（一）单项选择题（每题 1 分。每题的备选项中，只有 1 个最符合题意）

1. 产业发展规划的特点是（　　）。

A. 导向性、约束性、时效性　　B. 导向性、约束性、前瞻性
C. 针对性、可操作性、约束性　　D. 约束性、前瞻性、认同性

2. 产业发展规划的核心和纲领性内容是（　　）。

A. 产业政策研究　　B. 产业发展定位
C. 产业规划实施方案制订　　D. 优劣势分析

3. 下列方法中，（　　）经常用于产业规划的产业结构分析，从而判断产业发展程度和影响因素。

A. 案例调查法　　B. 趋势预测法
C. 抽样调查法　　D. 波特五力模型

4. 在企业发展规划中，与对标企业进行比较，正确评估企业的关键性差距的是（　　）。

A. 对标分析　　B. 竞争力分析
C. 价值链分析　　D. 现状分析

5. 关于企业对标分析的说法，正确的是（　　）。

A. 应选择行业内不熟悉的企业作为标杆
B. 对标内容应按照标杆企业的标准确定
C. 通常需要标杆企业配合提供相关对标数据
D. 所选对标企业数据与企业自身数据应范围一致并可比

6. 产业规划所关注的外部环境分析内容中，（　　）是产业环境、市场环境和技术环境分析，是外部环境分析的最重要内容，与规划实施方案关系最为密切。
A. 宏观环境分析　　B. 行业环境分析
C. 竞争环境分析　　D. SWOT 分析

7. 关于园区总体布局规划的说法，正确的是（　　）。
A. 一类工业用地可设置在城市住宅区的相邻地段
B. 一类工业用地可集中设置组成工业区且相互依附
C. 二类工业用地和住宅区之间一般不需设置防护绿地
D. 三类工业用地一般以选址在主城区全年最大频率风向的上风向为宜

8. 关于规划环境影响评价的说法，错误的是（　　）。
A. 规划编制机关应当对环境影响评价文件的质量负责
B. 编制综合性规划，应当编写环境影响篇章或者说明
C. 编制专项规划中的指导性规划，应当编制环境影响篇章或说明
D. 编制专项规划，应当在规划草案报送审批后编制环境影响报告书

（二）多项选择题（每题 2 分。每题的备选项中，有 2 个或 2 个以上符合题意，至少有 1 个错项。错选，本题不得分；少选，所选的每个选项得 0.5 分）

1. 规划实施方案要完成的重点工作内容包括（　　）。
A. 明确业务结构　　B. 明确重点任务
C. 制订规划实施计划　　D. 提出保障和支撑体系建设
E. 明确投入产出情况

2. 产业现状分析的重点是要对（　　）等内容进行系统的分析。
A. 发展定位　　B. 外部环境
C. 产业基础　　D. 产业政策
E. 自身优劣势

3. 企业发展规划的特点有（　　）。
A. 前瞻性　　B. 针对性
C. 认同性　　D. 全面性
E. 约束性

4. 根据企业发展规划工作的任务和特点，在编制企业发展规划报告时需要遵循（　　）。
A. 合规性原则　　B. 差异化原则
C. 盈利原则　　D. 价值递增原则
E. 周期性原则

5. 企业发展规划分析阶段要完成的工作包括（　　）。
A. 企业现状调查与分析　　B. 企业发展环境分析
C. 企业 SWOT 分析　　D. 企业对标分析
E. 企业竞争力分析

6. 产业发展规划报告的内容一般有（　　）。
A. 规划实施方案　　B. 产业发展定位和目标
C. 环境影响分析　　D. 产业空间布局方案

E. 产业现状分析

7. 可作为农用地综合利用评价外部效应指标中社会效应指标的有（　　）。

A. 生态旅游净收益

B. 粮食保证率

C. 农村居民人均纯收入

D. 单位面积净产值

E. 农业就业劳动力比重

七、本章同步练习答案

（一）单项选择题

1. A	2. B	3. D	4. A	5. D
6. B	7. A	8. D		

（二）多项选择题

1. ABCD	2. BCDE	3. ABC	4. ABD	5. AB
6. ABE	7. ABE			

第三章
项目可行性研究及其报告

一、本章核心考点分布

- 项目可行性研究及其报告
  - 可行性研究及其报告的深度要求（2017年、2020年、2021年、2022年）
  - 可行性研究的作用和基本要求（2018年、2020年、2022年）
  - 建设方案研究与比选的编制内容（2021年、2022年）
  - 市场预测分析的编制内容（2018年、2020年、2021年）
  - 工程方案及配套工程方案的编制内容（2018年）
  - 环境保护篇（章）的编制内容（2020年、2022年）
  - 节能、节水篇（章）的编制内容（2022年）
  - 经济分析（2020年、2022年）
  - 部分行业项目可行性研究报告的特点（2021年、2022年）
  - 投资估算与资金筹措
  - 财务分析
  - 资本运作项目财务分析的特点（2021年、2022年、2023年）
  - 非经营性项目财务分析的特点（2021年、2022年）
  - 项目实施进度与计划的编制内容（2020年）

二、专家剖析考点

1. 可行性研究及其报告的深度要求是考试重点，要重点复习。

2. 可行性研究报告的编制内容是对可行性研究内容的详细介绍，这部分内容较多，考点也较为分散，需要重点掌握建设方案研究的任务，建设规模与产品方案，建设条件与场（厂）址选择，工程方案及配套工程方案，环境保护，安全、职业卫生与消防以及节能、节水。

3. 了解政府投资项目、不同行业项目、资本运作项目、非经营性项目可行性研究报告侧重点，要重点掌握不同行业项目可行性研究报告的侧重点。

4. 非经营性项目财务分析的特点应熟悉，会考查判断正确与错误说法的题目。

5. 考生需要了解项目实施进度与计划的编制内容，比较重点的是代建制的内容。

三、本章核心考点必刷题

考点1　可行性研究及其报告的深度要求

例： 下列关于可行性研究及其报告深度要求的说法，正确的有（ABCDEFGHIJKL）。

A. 可行性研究报告应达到内容齐全、数据准确、论据充分、结论明确的要求

B. 可行性研究报告应对项目可能的风险做出必要的提示

C. 可行性研究中选用的主要设备的规格、参数应能满足预订货的要求

D. 引进技术设备的资料应能满足合同谈判的要求

E. 可行性研究中的重大技术、财务方案，应有两个以上方案的比选

F. 可行性研究中确定的主要工程技术数据，应能满足项目初步设计的要求

G. 可行性研究阶段对投资和成本费用的估算应采用分项详细估算法

H. 投资估算的准确度应能满足决策者的要求

I. 可行性研究确定的融资方案，应能满足项目资金筹措及使用计划对投资数额、时间和币种的要求，满足金融机构信贷决策的需要

J. 可行性研究报告应反映可行性研究过程中出现的某些方案的重大分歧及未被采纳的理由

K. 可行性研究报告应符合国家、行业、地方或公司有关法律、法规和政策

L. 可行性研究报告应符合投资方或出资人有关规定和要求

考点点评

可行性研究及其报告深度要求，在考试时一般会考查判断正确与错误的综合题目。

考点2　可行性研究的作用和基本要求

例： 可行性研究的作用包括（ABCDEFGH）。

A. 作为企业内部投资决策的依据

B. 作为政府投资主管部门审批决策的依据

C. 编制项目申请报告的依据

D. 筹措资金的依据

E. 申请贷款的依据

F. 编制初步设计文件的依据

G. 优化建设方案

H. 落实建设条件

考点点评

1. 选项C，是针对属于核准目录内需经政府投资主管部门核准的投资项目。

2. 关于可行性研究的5个基本要求应了解，包括预见性、客观公正性、可靠性、科学性、合规性。

考点3　建设方案研究与比选的编制内容

例1：关于生产工艺技术与装备方案研究的说法，正确的有（ABCDEFGHIJK）。

A. 对于特殊项目应根据需要单独编制技术装备比选专题报告

B. 对于由多套工艺装置组成的大型联合装置，应单独编制工艺装置分册对工艺技术进行详细叙述

C. 对于改、扩建和技术改造项目，要叙述原有工艺技术状况，还应说明项目建设与原有装置的关系

D. 简述国内外不同工艺的原料路线，包括现状、特点、发展变化趋势及前景

E. 简述主要工艺过程、操作参数和关键的控制方案

F. 简述设备概况，列出主要工艺设备，对主要设备分类汇总

G. 对于进口设备，应详细阐述引进的理由、范围、方式和参考的价格

H. 研究提出本项目主要装备国内制造供货的原则和方案、范围和风险因素

I. 对改、扩建和技术改造项目，要简述原有设备状况，论述项目可依托的设备状况，对主要的依托设备要进行方案比选

J. 对改、扩建和技术改造项目，说明企业原有自动化的水平和状况，结合新建装置，统一考虑

K. 对于大型联合装置，要说明全厂的网络结构，要分装置说明控制系统的设置

考点点评

生产工艺技术方案和设备方案的选择是工程和配套方案确定的基础，生产工艺技术与设备方案在编写上有诸多要求，可作为采分点的内容较多，需要熟练掌握。

例2：建设条件与场（厂）址选择是项目可行性研究报告的重要内容之一，其中建设条件包括（ABCDEF）。

A. 建设地点的自然条件

B. 建设地点的社会经济条件

C. 外部交通运输状况

D. 公用工程条件

E. 用地条件

F. 生态与环境、安全和卫生条件

考点点评

1. 首先要知道一个概念，什么是场（厂）址选择？它是一项政策性、科学性强，涉及面广的综合性的技术经济工作。场（厂）址选择应进行多方案比较，从中选择符合国家政策、投资省、建设快、运营费低且经济效益和环境效益好的场（厂）址。

2. 注意选项A，自然条件包括地理条件，地形、地貌条件，工程地质、水文地质条件，地震烈度、设防等级，区域地质构造情况，自然、气象条件，洪涝水位，建厂地域的洪水位（50年、100年一遇），防涝水位及泥石流情况。

3. 场（厂）址选择包括渣场（填埋场）或排污场（塘）地的选择。

4. 最后还要掌握地质灾害危险性评估的内容，可能会考查多项选择题。通过下面这道题掌握评估内容：

地质灾害危险性评估的内容有（ABCD）。

A. 工程建设可能诱发地质灾害的可能性

B. 工程建设可能加剧地质灾害的可能性

C. 工程建设本身可能遭受地质灾害危害的危险性

D. 拟采取的防治措施

考点 4　市场预测分析的编制内容

例：下列市场预测分析编制内容中，属于市场竞争力分析编制内容的有（ABCDEFG）。

A. 目标市场选择与结构分析
B. 主要用户分析
C. 主要竞争者分析
D. 产品质量与结构分析
E. 产品成本和盈利空间分析
F. 企业在组织管理和营销等方面的优劣势分析
G. 产品竞争力综合分析
H. 产品用途分析
I. 市场供应现状及预测
J. 市场需求现状及预测
K. 市场供需平衡分析
L. 产品供需周期性分析
M. 主要投入物供应现状
N. 主要投入物供需平衡预测
O. 产品价格现状及预测
P. 主要原辅材料、燃料、动力价格现状及预测
Q. 风险因素的识别
R. 风险程度估计
S. 风险对策与反馈

题号	拓展同类必刷题	答案
1	下列市场预测分析编制内容中，属于产品竞争力优劣势分析编制内容的有（　　）。	CDEFG
2	下列市场预测分析编制内容中，属于产品（服务）市场分析编制内容的有（　　）。	HIJKL
3	下列市场预测分析编制内容中，属于主要投入物市场预测编制内容的有（　　）。	MN
4	下列市场预测分析编制内容中，属于主要投入物与产出物价格预测编制内容的有（　　）。	OP
5	下列市场预测分析编制内容中，属于市场风险分析编制内容的有（　　）。	QRS

考点点评

市场预测分析应包括国外市场、国内市场、区域市场和目标市场等多个层次。除了要掌握上述知识点外，还需要掌握以下两个知识点：

（1）市场预测分析的目的，可能单独考查一道单项选择题，也可能会作为判断正确与错误说法题目的备选项。其目的是项目可行性研究报告的重点内容，尤其是产品竞争力分析是可行性研究的核心内容之一。

（2）市场预测的要求：

产品增量不大、对原有市场影响较小的→适当简化；

规模较大、竞争激烈的→专题研究；

影响较大的原材料、燃料、动力→专题报告。

考点 5　工程方案及配套工程方案的编制内容

例：下列关于系统配套工程方案编制的说法，正确的有（ABCDEFGHIJK）。

A. 防洪设施通常属于厂外配套工程

B. 业主码头通常不属于公用和辅助工程

C. 对改、扩建项目，应重点论述已有各种水系统现状、富余能力、为新建项目可提供的能力

D. 给水、排水编制内容包括给出界区内排水系统的划分

E. 供电工程编制内容应说明项目所在地域电力供应现状

F. 供电方案的选择与比较包括外供电源方案

G. 需要建设自备发电机组时，应根据工艺要求或特点以及企业具体情况说明建设规模和

理由以及经济合理性

H. 对自备小型柴油发电机需要说明机型、燃料供应及发电成本

I. 对改、扩建和技术改造供电工程项目，应重点论述已有供电系统现状、近期发展规划、富余能力

J. 对于新建供热工程项目重点论述拟建场（厂）址周围的依托情况

K. 应根据热力参数和汽水平衡，选择供热方案

考点点评

1. 注意区分公用和辅助工程与厂外配套工程的内容。A、B两选项考查的是这两部分的内容。

2. 关于工程方案中防震抗震的编制内容应掌握。

考点6　环境保护篇（章）的编制内容

例： 下列关于项目可行性研究中环境保护内容的说法，正确的有（ABCDEFGHIJ）。

A. 建设项目实行环境保护一票否决权

B. 环境保护编制内容中应说明投资项目可能涉及的环境敏感区分布和保护现状

C. 改、扩建和技术改造项目应简述企业的环境保护现状

D. 环境保护治理措施及方案应说明主要污染物的外排总量

E. 环境保护治理措施及方案应简述投资项目采取的主要噪声控制措施，并分析说明预期效果

F. 环境保护治理措施及方案应说明投资项目环境管理机构的设置情况

G. 环境保护编制内容应考虑环境监测

H. 列表说明投资项目环境保护投资，包括环境保护设施名称、主要建设内容及处理规模、治理效率

I. 环境保护编制内容中应说明环境保护投资占项目建设投资的比例

J. 环境保护编制内容中应包括环境影响分析

考点点评

环境保护篇（章）的编制应参照环境影响评价的相关内容，尽可能与环境影响评价保持一致。

考点7　节能、节水篇（章）的编制内容

例1： 下列关于节水篇（章）编制内容的说法，正确的有（ABCDEFGHI）。

A. 列出项目所需水资源的品种、数量

B. 简述水资源利用特点及合理性

C. 给出技术改造与改扩建项目现有装置用水情况

D. 简述水资源供应状况

E. 分析水源、供应能力、供应方案、长期供应稳定性、在量和价方面对项目的满意程度、存在问题及风险

F. 说明项目总体用水和水资源利用的合理性

G. 列出水耗指标并进行分析

H. 根据项目用水的构成和用水特点，分析节水的潜力

I. 应进行用水计量和管理

考点点评

除了要掌握上述节水篇（章）的编制内容，还应了解节能篇（章）的编制内容。主要注意以下两点：

（1）项目节能分析措施：全场综合性节能技术和措施、装置节能技术和措施。

（2）能耗分析：全厂能耗构成及分析、单位产品能耗分析。

例 2： 某项目产品产量为 1000t/h，总用水量为 $100m^3/h$，重复利用水量为 $80m^3/h$，则水的重复利用率和单位产品耗水量分别为（D）。

A. 20%、$0.1m^3/t$　　B. 20%、$0.02m^3/t$

C. 80%、$0.1m^3/t$　　D. 80%、$0.02m^3/t$

考点点评

1. 该考点在考试时一般会考查节水指标计算的题目，考查的公式有：

（1）重复利用率，即在一定的计量时间内，生产过程中使用的重复利用水量与总用水量之比，按下式计算：

$$\text{重复利用率}(R)=\frac{\text{重复利用水量}(V_r)}{\text{生产过程中总用水量}(V_t)}\times100\%$$

$$=\frac{\text{重复利用水量}(V_r)}{\text{重复利用水量}(V_r)+\text{生产过程中取用的新水量}(V_f)}\times100\%$$

（2）单位产品耗水量，按下式计算：

$$\text{单位产品耗水量}(V_{uf})=\frac{\text{年生产用新水量总和}(V_{yf})}{\text{年产品总量}(Q)}$$

（3）新水利用系数，即在一定的计量时间内，生产过程中使用的新水量与外排水量之差与新水量之比，按下式计算：

$$\text{新水利用系数}=\frac{\text{生产过程中取用的新水量}(V_f)-\text{生产过程中外排水量}(V_d)}{\text{生产过程中取用的新水量}(V_f)}\times100\%$$

2. 上述例题直接套用公式即可。水的重复利用率 $=80m^3/h\div100m^3/h\times100\%=80\%$。单位产品耗水量 $=(100m^3/h-80m^3/h)\div1000t/h=0.02m^3/t$。下面看下错误选项是怎么计算的：

选项中 20% 是这样计算得来的：$(100-80)m^3/h\div100m^3/h\times100\%=20\%$。

选项中 0.1 是这样计算得来的：$100m^3/h\div1000t/h=0.1m^3/t$。

3. 下面再准备两道题目来练习：

（1）某建设项目总用水量为 $10000m^3/h$，新水量为 $4000m^3/h$，外排高含盐水量 $25m^3/h$，则该项目的新水利用系数为（B）。

A. 99.75%　　B. 99.38%　　C. 60%　　D. 40%

（2）某建设项目产品产量为 800t/h，总用水量为 $100m^3/h$，重复利用水量为 $70m^3/h$，则单位产品耗水量为（A）m^3/t。

A. 0.04　　B. 0.09　　C. 0.12　　D. 0.21

考点 8　经济分析

例： 关于经济分析作用的说法，正确的有（ABCDEFGH）。

A. 有助于反映项目对社会福利的净贡献

B. 有助于对项目的经济合理性进行评价

C. 有助于限制本身财务效益好、经济效益差的项目
D. 有助于鼓励本身财务效益差、经济效益好的项目
E. 可为政府审批或核准提供依据
F. 可为财务方案制订提供依据
G. 可在方案比选和优化方面发挥重要作用
H. 有助于实现企业、地区与全社会利益有机结合和平衡
I. 有助于判断项目费用的有效性和经济合理性
J. 可用于财务分析，用于项目各环节方案比选、总体方案初步筛选

题号	拓展同类必刷题	答案
1	关于费用效果分析作用的说法，正确的有（　　）。	IJ

考点点评

1. 注意区分财务分析与经济分析的作用。考试时会将二者的作用互相作为干扰选项。财务分析的作用通过下面题目学习：

关于财务分析作用的说法，正确的有（ABCDE）。

A. 是项目决策的重要依据
B. 在项目方案比选中起着重要作用
C. 配合投资各方谈判，促进平等合作
D. 财务生存能力分析对非经营性项目、社会公益性项目的财务可持续性的考察起着重要的作用
E. 可以作为经济分析的重要基础和依据

2. 特别注意：项目公司自主决策的项目一般不要求做经济分析。

3. 费用效果分析既可应用于财务分析，也可应用于经济分析。其基本指标是费用效果比。

考点 9　部分行业项目可行性研究报告的特点

例：资源开发项目可行性研究报告应重点研究（ABCDE）。

A. 资源开发的合理性
B. 拟开发资源的可利用量、自然品质、赋存条件和开发价值
C. 项目是否符合资源总体开发规划的要求
D. 项目是否符合资源综合利用、可持续发展的要求
E. 项目是否符合保护生态环境的有关规定

考点点评

可行性研究及其报告的内容和侧重点，因项目性质、特点的不同有所差别，并具有明显的行业特点。通过下面题目掌握这部分内容：

（1）水利水电项目可行性研究报告应重点研究（ACE）。

A. 坝型与枢纽布置
B. 建设规模、技术标准
C. 工程地质条件
D. 产品方案
E. 资源开发利用条件

（2）交通运输项目可行性研究报告应重点研究（ABD）。

A. 区域综合运输网布局
B. 运量、线路方案
C. 市场分析
D. 建筑工程方案
E. 功能定位

考点10　投资估算与资金筹措

例：下列关于资金筹措的说法中，正确的有（ABCDEFG）。

A. 资金筹措包括权益资金和债务资金筹措

B. 债务资金来源应有债权人的承诺

C. 资金来源包括权益资本、债务资金、准股本资金、融资租赁

D. 上报国家和地方政府有关部门审批的项目，30%的铺底流动资金必须是权益资本

E. 资金筹措的编制内容中，应说明项目债务资金的来源及方式，给出债务资金的使用条件

F. 资金筹措的编制内容中包括资金使用计划

G. 进行融资成本分析时，主要计算债务资金成本、权益资本成本和加权平均资金成本

考点点评

1. 资金筹措的编制内容包括资金来源、中外合资经营项目资金筹措、资金使用计划、融资成本分析、融资风险分析、融资渠道分析。

2. 资金来源可能会考查多项选择题。

3. 选项D可能会考查单项选择题。

4. 投资估算是可行性研究报告的核心内容之一，需要掌握以下几点内容：

（1）作用：投资决策的依据，制订项目融资方案的依据，进行财务分析、经济分析的基础，编制初步设计概算的依据。

（2）要求：包括6项内容，会考查多项选择题。

（3）误差率：可行性研究阶段允许误差率为±10%以内。

（4）改、扩建和技术改造项目投资估算数据："现状""新增""有项目""无项目""增量"。

考点11　财务分析

例：在可行性研究报告中，一般可按生产要素法估算成本和费用，下列费用属于生产成本费用的有（ABCDEFGHI）。

A. 外购原材料费用　B. 外购燃料费用　C. 外购动力费用　D. 折旧费用

E. 维修费用　F. 其他制造费用　G. 其他管理费用　H. 财务费用

I. 其他营业费用　J. 无形资产　K. 其他摊销费用

题号	拓展同类必刷题	答案
1	经营成本为总成本费用扣除（　　）后的成本费用。	DHJK

考点12　资本运作项目财务分析的特点

例：对于并购类项目，可行性研究报告的重点内容应包括（ABCDEFGHI）。

A. 并购企业所处的行业地位　B. 并购企业的竞争对手

C. 并购企业所处的发展趋势　D. 并购企业所处的市场格局

E. 并购企业的前景　F. 测算并购成本

G. 预测并购效益　H. 并购企业价值评估

I. 并购价格估算　J. 政治、法律因素

K. 业内竞争　L. 新的竞争者加入

M. 替代品的竞争　N. 消费者需求

O. 盈利预测　P. 盈利稳定性的估计

Q. 企业的潜在价值　　R. 项目成长性

S. 管理团队的能力　　T. 管理团队的评价指标

题号	拓展同类必刷题	答案
1	对于特许经营类项目，可行性研究要重点考虑（　　）。	JKLMNOP
2	对于风险投资项目，可行性研究报告的重点应包括（　　）。	QRST

考点点评

1. 并购企业价值评估包括对企业的基础价值、内在价值和战略价值三方面的评估。

2. 并购的效益包括企业自身的效益（资本经营效益、市场增加值和经济增加值）和由于并购带来的企业整体协同效益（财务协同效应和经营协同效应）。

3. 除了考查可行性研究报告的重点内容之外，还可能考查各类项目的财务分析，这一点考生应做一些了解。

考点13　非经营性项目财务分析的特点

例：关于非经营性项目财务分析要求的说法，正确的有（ABCDEFGH）。

A. 对没有营业收入的项目，不需要进行盈利能力分析

B. 对没有营业收入的项目，财务分析重在考察财务可持续性

C. 有营业收入，但不足以补偿运营维护成本的项目，应估算收入和成本费用

D. 有营业收入的项目，其收入应优先用于支付运营维护成本

E. 对有债务资金的项目，应结合借款偿还要求进行财务生存能力分析

F. 需要政府在短期内给予补贴以维持运营的项目，只需要进行偿债能力分析和财务生存能力分析

G. 对收费项目应合理确定提供服务的收费价格

H. 对效益难以货币化的非经营性项目，可采用效果费用比或费用效果比来进行方案比选

考点点评

1. 该考点在考试时一般以判断正确与错误说法的综合题目考查。

2. 对有营业收入的项目，财务分析应根据收入抵补支出的不同程度，区别对待。营业收入补偿费用的顺序要掌握，考试时可能会考查首要补偿的是什么，还可能会考查正确的补偿顺序。

补偿顺序：支付运营维护成本—缴纳流转税—偿还借款利息—计提折旧—偿还借款本金。

考点14　项目实施进度与计划的编制内容

例：根据项目性质，对于政府投资的项目，应当按规定编制项目代建制内容。代建制内容包括（ABCDE）。

A. 不予招标的说明　　B. 代建单位的选择标准及要求

C. 代建单位的选择过程　　D. 不宜招标的说明

E. 代建方式的确定

考点点评

1. 熟悉项目代建制的确定。

（1）选择方式：原则上应通过竞标或评定短名单方式，择优选定。

（2）代建单位确定时间：一般应在项目可行性研究报告批准后。

2. 熟悉建设工期的概念及确定依据。

四、本章真题实训

1.【2023 年真题】关于并购项目中被并购企业价值的说法，正确的是（　　）。

A. 内在价值是指并购价格　　B. 战略价值是指企业的并购效益

C. 基础价值是指企业的净资产价值　　D. 可接受价格等于企业的账面价值

2.【2022 年真题】某项目可行性研究过程中出现技术方案选择的重大分歧，对此，可行性研究报告应（　　）。

A. 只论证最终选出方案的合理性，不需要提及过程中的分歧

B. 在附文中补充落选方案未被采纳的理由，不需要提及过程中的分歧

C. 只论证最终选出方案的合理性，但需反映过程中的分歧

D. 如实反映过程中的分歧，并阐述落选方案未被采纳的理由

3.【2022 年真题】关于项目可行性研究报告中职业卫生篇（章）编制内容的说法，正确的是（　　）。

A. 应分析项目场址及周围 $1km^2$ 内的职业卫生影响和危害

B. 应分析项目产品使用过程中可能产生的职业病危害因素和职业病

C. 应根据项目具体情况提出专职或兼职人员的配置

D. 应从产品定位、建设规模优化方面制订职业卫生防护措施

4.【2022 年真题】关于不同行业项目可行性研究报告特点的说法，正确的是（　　）。

A. 交通运输项目的站线选择应充分考虑搬迁和移民安置问题

B. 公共建筑项目经济评价的重点是项目盈利性分析

C. 资源开发项目应根据资源需求确定项目的建设规模

D. 政府农业开发项目应以财务分析为主，经济分析为辅

5.【2021 年真题】关于可行性研究报告中市场预测的说法，正确的是（　　）。

A. 市场预测为确定项目方案和建设规模提供依据

B. 增量不大的技术改造项目不需市场预测

C. 市场预测仅限于进行国内市场预测

D. 市场预测期限应不少于 10 年

6.【2021 年真题】关于并购项目评价的说法，正确的是（　　）。

A. 并购价格由目标企业收购价格、咨询费和律师费组成

B. 目标企业收购价格一般应采用市场比较法估算

C. 并购企业价值分为企业基础价值、内在价值和战略价值三个层次

D. 并购项目的效益包括财务协同效益和经济协同效益两部分

7.【2020 年真题】关于一般性经营性项目可行性研究及其报告应达到的深度要求的说法，正确的是（　　）。

A. 可行性研究报告应内容齐全，必须包括经济分析、社会稳定风险分析等内容

B. 可行性研究要以市场为导向，以经济效益或投资效果为中心

C. 可行性研究中确定的主要工程技术数据能满足施工图设计的要求

D. 可行性研究报告应结论明确，满足政府定方案、定项目的需要

8.【2020 年真题】关于项目可行性研究中市场预测分析目的的说法，错误的是（　　）。

A. 为确定项目的目标市场、建设规模和产品方案提供依据

B. 对项目原材料、技术和装备选择等提出要求

C. 为确定产品（服务）价格和运输费用提供参考

D. 为确定项目的受益群体和受损群体提供参考

9.【2019 年真题】关于项目产品竞争力分析的说法，正确的是（　　）。

A. 进行产品对标分析时，应选择行业内最先进的企业作为对标企业

B. 无合适竞争对手时，以进口产品到岸价与项目产品出厂价对比

C. 无合适竞争对手且产品没有进口时，以产品市场平均价格与产品目标市场价格对比

D. 无合适竞争对手且产品没有进口时，以产品市场预测价格与产品成本数据进行盈利空间分析

10.【2019 年真题】关于场（厂）址选择的说法，正确的是（　　）。

A. 场（厂）址选择是政策性、科学性强，涉及面广的技术经济工作

B. 场（厂）址选择以生态环境条件为首要考虑因素

C. 对于将落户于开发区或者工业园区的建设项目，可以不再进行选址方案比选

D. 商品住房开发项目需要单独编制选址专题报告

11.【2019 年真题】某工业项目年产量 15 万 t，年用水总量为 10 万 m^3，水的重复利用率为 90%，则该项目的单位产品新水耗水量是（　　）t。

A. 1.50　　B. 0.67　　C. 0.73　　D. 0.07

12.【2022 年真题】关于项目可行性研究报告中环境保护篇（章）编制内容的说法，正确的有（　　）。

A. 应参照环境影响评价的相关内容编制，尽可能与环境影响评价保持一致

B. 应列出投资项目执行的环境质量国际标准和污染物排放国际标准

C. 应在单项污染物排放达标的前提下，调整污染物排放总量指标

D. 应说明投资项目环境监测计划及监测机构的设置情况

E. 应说明投资项目环境保护投资占项目建设投资的比例

13.【2022 年真题】关于项目可行性研究节能篇（章）中节能技术和措施的说法，正确的有（　　）。

A. 应从项目整体优化角度分析节能技术和措施

B. 应通过优化设计达到工艺技术节能效果

C. 应通过技术方案比选，选定技术最先进的方案

D. 自动控制方案节能是节能措施的重要内容

E. 对于产品可作能源使用的项目，应计算能源转换效率

14.【2021 年真题】关于项目可行性研究中人力资源配置方案的说法，正确的有（　　）。

A. 人力资源配置方案是投资估算和成本估算的依据

B. 人力资源配置方案应体现项目运营特点

C. 项目运营管理人员的配置数量应根据劳动定额测算

D. 只考虑项目投产运营后的员工招聘及员工培训，不考虑施工人员安排

E. 境外投资项目的人力资源配置应考虑所在国或地区的民族宗教因素

15.【2020 年真题】关于非经营性项目财务分析特点的说法，正确的有（　　）。

A. 没有营业收入的项目，可以不进行财务分析

B. 有营业收入但不足以补偿运营维护成本的项目，财务分析主要估算政府财政补贴额度，以满足项目偿债要求

C. 有营业收入但短期内不足以补偿全部运营维护成本，未来可产生盈余的项目，财务分析需要估算政府财政有限补贴时间和额度，以满足财务生存能力要求

D. 有营业收入且有盈余的项目，其财务分析与一般经营性项目基本相同

E. 效益难以货币化的项目，可采用费用效果比来进行方案比选

16.【2020 年真题】对于政府投资项目，可行性研究报告编制的项目代建制内容应包括（　　）。
A. 代建费用标准和付费方式
B. 代建单位的选择标准及要求
C. 代建单位的选择过程
D. 代建方式的确定
E. 不予招标或不宜招标的说明

17.【2019 年真题】下列关于主要设备选择论述的内容，应在可行性研究报告中体现的有（　　）。
A. 列出设备选择采用的标准规范
B. 提出国内制造供货的原则和方案、范围和风险因素
C. 进口设备的，详细阐述引进的理由、范围、方式和参考价格
D. 确定关键设备的选型及生产厂家
E. 对于改、扩建项目，应从节约投资出发，完全利用原有设备

18.【2019 年真题】关于投资估算必须达到的要求的说法，正确的有（　　）。
A. 工程内容和费用构成齐全，不提高或降低估算标准，不高估冒算或漏项少算
B. 选用指标与具体工程之间存在标准或条件差异时，应进行必要的换算或调整
C. 投资估算的精度应根据项目的规模确定
D. 投资估算应做到方法科学、基础资料完整、依据充分
E. 投资估算内容划分应符合行业规范

19.【2018 年真题】关于项目可行性研究报告中全厂运输的说法，正确的有（　　）。
A. 工厂内不应建设铁路运输设施
B. 全厂运输应全部依托合建运输力量
C. 全厂运输量表中应说明货物的包装方式
D. 厂区内应考虑人流和货流同道以节省土地
E. 易燃、易爆物品运输应制订特别运输方案

五、本章真题实训答案及解析

1. C。选项 A 错误，内在价值是目标企业的动态价值。选项 B 错误，战略价值是取得规模经济效益。选项 D 是很明显的错误，账面价值不等于可接受价格。

2. D。可行性研究报告应反映可行性研究过程中出现的某些方案的重大分歧及未被采纳的理由。

3. C。选项 A 错误，应分析项目所在地自然环境及周边地区对职业卫生可能产生的影响和危害。选项 B 错误，根据《职业病危害因素分类目录》和《职业病目录》的规定，分析本项目生产过程中可能产生的职业病危害因素和职业病。选项 D 错误，应从选址、总体布局、防尘防毒、防暑防寒、防噪声与振动、采光和照明、辅助用室等方面采取职业卫生防护措施。

4. A。选项 B 错误，公共建筑项目主要强调社会服务功能，分析的重点是社会需求与服务。选项 C 错误，重点研究资源开发利用的条件。选项 D 错误，项目层次评价以经济分析为主，财务分析为辅，经营层次评价只进行财务分析。

5. A。对于技术改造和改扩建项目等项目产品增量不大，对原有市场影响较小的，预测分析内容可以适当简化，故选项 B 错误。市场预测分析应包括国外市场、国内市场、区域市场和目标市场等多个层次，故选项 C 错误。市场预测年限没有具体限制，需根据项目实际情况而定，故选项 D 错误。

6. C。并购成本包括收购价格、咨询费、律师费、佣金等，以及收购后对企业的改造、改组、人员安置与遣散费用等，故选项 A 错误。并购价格估算方法包括收益现值法、市场比较法、财务

比率法、账面价值调整法、市盈率法、成本法、清算价值法等，每种方法都有其适用条件，应根据并购企业具体情况确定，故选项B错误。并购的效益包括企业自身的效益和由于并购带来的企业整体协同效益，故选项D错误。

7. B。可行性研究报告应达到内容齐全、数据准确、论据充分、结论明确的要求，以满足决策者定方案、定项目的需要。故选项A、D错误。可行性研究报告中确定的主要工程技术数据，应能满足项目初步设计的要求，故选项C错误。

8. D。市场预测分析的目的包括：①为确定项目的目标市场、建设规模和产品方案提供依据，故选项A正确；②对项目原材料、技术和装备选择等提出要求，故选项B正确；③为项目财务分析和经济分析确定产品（服务）价格和运输费用提供参考，故选项C正确。本题让选出说法错误的，应选D项。

9. D。能够进行产品成本对标分析的，至少有两个国内和国外竞争对手资料，故选项A错误。当没有合适竞争对手时，应按照进口产品到岸价与项目产品出厂价考虑目标市场运输费用进行对比，故选项B错误。当产品没有进口或数量较少不能说明问题时，可以按照该产品市场预测价格与该产品成本数据，进行盈利空间分析，故选项C错误、选项D正确。

10. A。场（厂）址选择应进行多方案比较，要依据地区规划与产业布局，结合建设项目近期目标和长远利益综合分析，从中选择符合国家政策、投资省、建设快、运营费低且经济效益和环境效益好的场（厂）址，故选项B错误。在开发区或工业园区建设，同样需要按照场（厂）址选择的原则和内容要求进行方案比选，但根据开发区或工业园区具体的条件情况，部分内容可以适当简化，故选项C错误。对于特殊项目应根据需要单独编制选址专题报告，商品住房开发项目不属于特殊项目，故选项D错误。

11. D。本题的计算过程为：

重复利用率 = 重复利用水量 ÷ 总用水量，则重复利用水量 = 总用水量 × 重复利用率 = 10 万m^3 × 90% = 9 万m^3

总用水量 = 重复利用水量 + 生产过程中取用的新水量，则新水 = (10 − 9)万m^3 = 1 万m^3

单位产品新水耗水量 = 1 ÷ 15t ≈ 0.07t。

12. ADE。选项B错误，列出投资项目执行的环境质量标准和污染物排放标准，包括国家和地方标准。选项C错误，在单项污染物排放达标的前提下，应进行总量控制达标排放。

13. ABE。选项C错误，选择技术经济最优的方案。选项D错误，自动控制方案节能是节能措施的内容，不是重要内容。

14. ABE。按组织机构职责范围、业务分工计算管理人员人数，或按照经验数据和管理人员占总员工的比例计算管理人员人数，故选项C错误。项目性质、建设规模和生产运营方式不同，机构设置的模式和运转方式也不尽相同，不同的投资者也会有不同的偏好，故选项D错误。

15. CDE。对没有营业收入的项目，不需进行盈利能力分析，应进行财务分析，其重在考察财务可持续性，故选项A错误。对有营业收入的项目，有营业收入，但不足以补偿运营维护成本的项目，应估算收入和成本费用，通过两者差额来估算运营期各年需要政府给予补贴的数额，进行财务生存能力分析，并分析政府长期提供财政补贴的可行性，故选项B错误。

16. BCDE。对于政府投资项目，编制项目代建制的具体内容包括代建单位的选择标准及要求、选择过程；代建方式的确定；不予招标或不宜招标的说明。

17. ABC。简述关键设备选择的依据，结合工艺技术方案进行关键设备方案比选，考察成熟可靠性、安全实用性、投资造价、运行周期和费用等因素，确定关键设备选型，故选项D错误。对改、扩建和技术改造项目，要简述原有设备状况，论述项目可依托的设备状况，对主要的依托设备要进行方案比选。提出依托设备的资产原值和净值以及可以节约的投资数额，故选项E错误。

18. ABDE。投资估算必须达到以下要求：①估算的范围应与项目建设方案所涉及的范围、所确定的各项工程内容相一致。②估算的工程内容和费用构成齐全，计算合理，不提高或者降低估算标准，不重复计算或者漏项少算。故选项 A 正确。③估算应做到方法科学、基础资料完整、依据充分。故选项 D 正确。④估算选用的指标与具体工程之间存在标准或者条件差异时，应进行必要的换算或者调整。故选项 B 正确。⑤估算的准确度应能满足项目决策的要求。故选项 C 错误。⑥估算内容的划分应符合行业规范，有利于建设项目的管理与实施阶段的过程控制。故选项 E 正确。

19. CE。选项 A 错误，可以采用铁路运输。选项 B 错误，根据目前市场情况，结合建厂所在地区特点，尽可能依托社会运输力量。选项 D 错误，厂内道路应做到人流、货流分道行驶。

六、本章同步练习

（一）单项选择题（每题 1 分。每题的备选项中，只有 1 个最符合题意）

1. 关于项目可行性研究报告作用的说法，正确的是（　　）。
   A. 可行性研究报告是编制初步设计文件的依据
   B. 可行性研究报告是编制项目建议书的依据
   C. 可行性研究报告是编制区域发展规划的依据
   D. 可行性研究报告是企业制订发展战略的依据

2. 关于市场预测分析的说法，正确的是（　　）。
   A. 市场预测分析包括国外市场、国内市场、区域市场和目标市场等多个层次
   B. 对于市场较为确定的项目，其市场预测分析应当进行专题研究
   C. 初步可行性研究报告应对主要产品的市场供需状况、价格走势以及竞争力进行预测分析
   D. 对项目市场竞争激烈的产品，应编制市场预测专题报告

3. 在地质灾害易发区内进行工程建设，应在项目决策分析与评价阶段进行地质灾害危险性评估。地质灾害危险性评估的内容不包括（　　）。
   A. 工程建设诱发地质灾害的可能性
   B. 对可能的地质灾害危害拟采取的防治措施
   C. 工程建设本身可能遭受地质灾害危害的危险性
   D. 工程建设抑制地质灾害发生的可能性

4. 关于非经营性项目财务分析的说法，正确的是（　　）。
   A. 难以货币化的项目，无法进行财务分析
   B. 对于有营业收入的项目，应当按照竞争性项目进行财务分析
   C. 有营业收入的项目，收入应当优先用于支付运营维护成本
   D. 对没有营业收入的项目，不需要考察财务的可持续性

5. 下列关于项目可行性研究报告编制中，建设方案的建设条件与场（厂）址选择的说法，正确的是（　　）。
   A. 对公用工程条件应说明该工程水源可选方案及洪涝水位
   B. 所有项目都应单独编制选址专题报告
   C. 场（厂）址选择应进行多方案比较
   D. 不同行业项目场（厂）址选择需要研究的具体内容、方法和遵循的规程规范基本相同

6. 职业病危害因素和职业病分析不包括（　　）。
   A. 周边环境职业病危害因素分析
   B. 项目生产过程中可能产生的职业病危害因素和职业病分析
   C. 危险物品的特性分析

D. 可能接触职业病危害因素的部位和人员分析

7. 某建设项目产品产量为100000t/h，总用水量46000m^3/h，重复利用水量43500m^3/h。则该项目水的重复利用率是（　　）。

A. 43.5%　　B. 46.00%　　C. 89.50%　　D. 94.57%

8. 项目财务分析可以用于测算项目对（　　）的价值贡献。

A. 财务主体和投资者　　B. 社会公众

C. 行政主管部门　　D. 项目原材料供应商

9. 当项目效果不能或难于货币量化时，或货币量化的效果不是项目目标的主体时，在经济分析中可采用（　　）方法，并将其结论作为项目投资决策的依据。

A. 有无对比分析　　B. 敏感性分析

C. 偿债能力分析　　D. 费用效果分析

10. 水利水电项目的主要工程方案是（　　）。

A. 生产工艺技术与装备方案　　B. 建设规模方案

C. 配套设施方案　　D. 主要建筑物方案

11. 关于可行性研究中环境保护治理措施及方案的说法，正确的是（　　）。

A. 措施和方案必须经过公示且获得公众认可

B. 应说明环境保护治理措施制订所依据的污染物排放国际标准

C. 应选择预期环境投资最小的措施及方案

D. 应说明从源头控制到末端治理全过程所采取的环境保护治理措施

12. 关于效益难以货币化的非经营性项目的比选要求，下列说法错误的是（　　）。

A. 费用应包含从项目立项到项目终结的整个期间内所发生的全部费用

B. 在效果相同的条件下，应选取费用最小的备选方案

C. 在费用相同的条件下，应选取效果最大的备选方案

D. 备选方案效果和费用均不相同时，应比较两个备选方案之间的费用差额和效果差额

（二）多项选择题（每题2分。每题的备选项中，有2个或2个以上符合题意，至少有1个错项。错选，本题不得分；少选，所选的每个选项得0.5分）

1. 关于可行性研究基本要求的说法，正确的有（　　）。

A. 必须采集相同项目的实际数据，用于拟建项目研究

B. 必须在调查研究的基础上，按照客观情况进行论证和评价

C. 应确定项目的全部设备和设施，以保证项目的可靠性

D. 必须符合相关法律、法规和政策

E. 必须应用现代科学技术手段进行分析和论证

2. 产品方案是指拟建项目的主导产品、辅助产品或副产品及其生产能力的组合方案。产品方案研究的内容通常包括（　　）。

A. 主要产品品种　　B. 产品年产量

C. 产品用途　　D. 生产设备

E. 工艺技术

3. 对项目进行竞争力优劣势分析时，主要竞争者分析包括（　　）。

A. 分析竞争者的现状　　B. 分析竞争者的营销手段

C. 分析竞争者的区位优势　　D. 分析竞争者的影响范围

E. 分析竞争者的产品成本和盈利空间

4. 关于投资估算作用的说法，正确的有（　　）。

A. 投资估算是投资决策的依据

B. 投资估算是制订项目融资方案的依据
C. 投资估算是进行项目经济评价的基础
D. 投资估算是编制固定资产投资计划的依据
E. 投资估算是确定和控制建设项目投资的依据

5. 可行性研究中市场预测分析的目的和作用包括（　　）。
A. 为确定项目的目标市场、建设规模和产品方案提供依据
B. 对项目的原材料和技术选择提出要求
C. 为项目的工程方案选择提供依据
D. 为项目的职业安全卫生与消防方案确定提供依据
E. 为财务分析和经济分析确定产品（服务）价格提供参考

6. 关于项目经济分析的说法，正确的有（　　）。
A. 可以采用影子价格估算项目的效益和费用
B. 应评价项目对国外借款的清偿能力
C. 应当反映项目对社会经济的净贡献和评价项目的经济合理性
D. 应当按照合理配置资源的原则进行分析
E. 应当分析项目对地区利益平衡的作用

7. 企业价值是公司所有的投资人对于公司资产要求权价值的总和，企业价值可分为(　　)。
A. 内在价值　　B. 使用价值
C. 战略价值　　D. 选择价值
E. 基础价值

8. BOT 项目可行性研究要重点考虑（　　）。
A. 消费者需求　　B. 企业的潜在价值
C. 盈利预测　　D. 竞争因素
E. 盈利稳定性的估计

9. 风险投资项目的价值评估方法包括（　　）。
A. 市盈率法　　B. 成本法
C. 财务比率法　　D. 收益现值法
E. 比较法

七、本章同步练习答案

（一）单项选择题

1. A	2. A	3. D	4. C	5. C
6. C	7. D	8. A	9. D	10. D
11. D	12. A			

（二）多项选择题

1. BDE	2. ABCE	3. ABCD	4. ABC	5. ABE
6. ACD	7. ACE	8. ACDE	9. BDE	

第四章
项目申请报告

一、本章核心考点分布

项目申请报告
- 项目申请报告的类别（2019年、2021年、2022年）
- 项目申请报告的编制主体、依据、原则和要求（2019年、2020年、2021年、2022年）
- 项目申请报告的编制内容（2021年、2022年）

二、专家剖析考点

1. 项目申请报告3个类型及其内容和所附文件采用对比记忆方法，考查多项选择题的概率很大。

2. 项目申请报告的编制内容要熟悉。

3. 项目申请报告的编制主体和要求可能会考查判断正确与错误说法的题目。重点的论述内容一般会考查多项选择题。

三、本章核心考点必刷题

考点1　项目申请报告的类别

例1： 企业投资项目申请报告的内容包括（ABCDE）。

A. 项目单位情况　B. 拟建项目情况　C. 资源利用影响分析
D. 生态环境影响分析　E. 经济和社会影响分析　F. 项目情况
G. 投资方情况　H. 项目对国家利益和安全的影响分析
I. 投资主体关于项目真实性的声明

题号	拓展同类必刷题	答案
1	外商投资项目申请报告的内容包括（　　）。	CDEFG
2	境外投资项目申请报告的内容包括（　　）。	FGHI

例2： 根据《政府核准投资项目管理办法》（国家发展改革委令第11号）的有关规定，项目单位在报送企业投资项目申请报告时，应当附送的文件包括（ABCD）。

A. 城乡规划行政主管部门出具的选址意见书
B. 自然资源行政主管部门出具的用地预审意见
C. 环境保护行政主管部门出具的环境影响评价审批文件
D. 节能审查机关出具的节能审查意见

E. 中外投资各方的企业注册证明材料

F. 中外投资各方的经审计的最新企业财务报表

G. 中外投资各方的开户银行出具的资金信用证明

H. 投资意向书

I. 增资、并购项目的公司董事会决议

J. 以国有资产出资的，需由有关主管部门出具确认文件

题号	拓展同类必刷题	答案
1	根据《外商投资项目核准和备案管理办法》（国家发展改革委令第 12 号）的有关规定，外商投资项目申请报告应附的文件包括（　　）。	ABCDEFGHIJ

考点点评

掌握境外投资项目实行核准管理的范围、核准机关。

（1）实行核准管理的范围：投资主体直接或通过其控制的境外企业开展的敏感类项目。

（2）核准机关：国家发展改革委。

投资主体开展境外投资，应当履行境外投资核准、备案等手续。

考点2　项目申请报告的编制主体、依据、原则和要求

例： 项目申请报告的编制要重点从（ABCDE）方面进行。

A. 规划布局　　B. 资源利用

C. 征地移民　　D. 生态环境

E. 经济和社会影响　　F. 项目市场前景

G. 经济效益　　H. 资金来源

I. 产品技术方案

考点点评

1. 选项 F、G、H、I 属于由企业自主决策的内容，不必详细分析和论证。

2. 项目申请报告编制的主体、依据和深度要求，可能会考查判断正确与错误说法的综合题目。

（1）主体：项目单位自行编写，也可以由项目单位自主委托具有相关经验和能力的中介服务机构编写。要特别注意，任何单位和个人不得强制项目单位委托工程咨询单位编制。

（2）依据：按照项目申请报告通用文本和行业示范文本的要求编写。

（3）深度要求：要满足评估机构进行项目评估和有关核准部门进行核准的要求。

考点3　项目申请报告的编制内容

例： 编制项目申请报告过程中，重点针对拟建项目直接关系人民群众切实利益且涉及面广、容易引发的社会稳定问题，从合法性、合理性、可行性和可控性等方面进行分析属于（M）。

A. 资源开发方案分析　　B. 资源利用方案分析

C. 资源节约措施分析　　D. 生态和环境现状分析

E. 生态环境影响分析　　F. 生态环境保护措施分析

G. 社会经济费用效益或费用效果分析　　H. 行业影响分析

I. 区域经济影响分析　　J. 宏观经济影响分析

K. 社会影响效果分析　　L. 社会适应性分析

M. 社会稳定风险分析

题号	拓展同类必刷题	答案
1	分析拟开发资源的可开发量、自然品质、赋存条件、开发价值等，评价是否符合资源综合利用的要求，属于项目申请报告编制内容中的（　　）。	A
2	通过对单位生产能力主要资源消耗量指标的对比分析，评价资源利用效率的先进程度，分析评价项目建设是否会对地表（下）水等其他资源造成不利影响，属于项目申请报告编制内容中的（　　）。	B
3	对拟建项目的资源消耗指标进行分析，阐述在提高资源利用效率、降低资源消耗、实现资源能源再利用与再循环等方面的对策措施，论证是否符合资源节约综合利用政策及相关专项规划的要求，属于项目申请报告编制内容中的（　　）。	C
4	明确项目建设是否涉及生态保护红线以及与相关规划环评结论的相符性，属于项目申请报告编制内容中的（　　）。	D
5	对生态环境的影响因素和影响程度，对流域和区域生态系统及环境的综合影响分析，属于项目申请报告编制内容中的（　　）。	E
6	对可能造成的生态环境损害提出保护措施，对治理方案的可行性、治理效果进行分析评价，属于项目申请报告编制内容中的（　　）。	F
7	阐述行业现状的基本情况以及企业在行业中所处地位，分析拟建项目对所在行业及关联产业发展的影响，属于项目申请报告编制内容中的（　　）。	H
8	对于区域经济可能产生重大影响的项目，应从区域经济发展、产业空间布局、当地财政收支、社会收入分配、市场竞争结构、对当地产业支撑作用和贡献等角度进行分析论证，属于项目申请报告编制内容中的（　　）。	I
9	分析拟建项目能否为当地的社会环境、人文条件所接纳，评价该项目与当地社会环境的相互适应性，提出改进性方案，属于项目申请报告编制内容中的（　　）。	L

四、本章真题实训

1.【2022 年真题】根据《外商投资项目核准和备案管理办法》，下列材料中，属于外商投资项目的项目申请报告应附文件的是（　　）。

A. 中外投资各方的企业注册证明材料

B. 中外投资各方经审计的近 3 年企业财务报表

C. 拟投资项目的征地申请报告

D. 有资质的环评机构出具的环评报告

2.【2021 年真题】关于境外投资及境外投资项目申请报告的说法，正确的是（　　）。

A. 所有境外投资项目均在核准管理范围内

B. 境外投资中包括境内企业对境外项目的间接投资

C. 境外投资项目根据项目情况分别由国家或地方发展改革委核准

D. 境外投资项目申请报告应包括项目对其所在地的安全影响分析

3.【2020 年真题】关于企业投资项目申请报告编制要求的说法，正确的是（　　）。

A. 项目申请报告应由项目单位委托工程咨询单位编制

B. 项目申请报告应按国家发展改革委制定的通用文本和行业示范文本编制

C. 项目申请报告应重点论证工程技术方案等由企业自主决策的内容

D. 项目申请报告的内容和深度应满足项目评估和项目备案的要求

4.【2022 年真题】关于项目申请报告中资源开发方案内容和要求的说法，正确的有（　　）。

A. 应重点分析投资方资源利用的财务盈利性

B. 应重视资源开发的规模效益

C. 应确保可再生资源的完全补偿

D. 资源的开发利用应首先考虑投资方的需求

E. 资源开发类项目应进行地表沉陷治理分析

5.【2021 年真题】下列编写内容中，属于项目申请报告重点关注内容的有（　　）。

A. 项目申报单位的基本情况

B. 拟建项目的财务盈利性分析

C. 拟建项目的产业政策符合性

D. 拟建项目的行业准入符合性

E. 拟建项目的组织结构

6.【2020 年真题】项目申请报告的主要类型有（　　）。

A. 政府投资项目申请报告

B. 企业投资项目申请报告

C. 政府和社会资本合作项目申请报告

D. 外商投资项目申请报告

E. 境外投资项目申请报告

五、本章真题实训答案及解析

1. A。根据《外商投资项目核准和备案管理办法》，外商投资项目申请报告应附文件之一是：中外投资各方的企业注册证明材料及经审计的最新企业财务报表、开户银行出具的资金信用证明。

2. B。投资主体开展境外投资，应当履行境外投资项目核准、备案等手续。故选项 A 错误。境外投资项目核准机关是国家发展改革委。故选项 C 错误。境外投资项目申请报告包括项目对我国国家利益和国家安全的影响分析。故选项 D 错误。

3. B。项目申请报告也可以由项目单位自主委托具有相关经验和能力的中介服务机构编写，任何单位和个人不得强制项目单位委托工程咨询单位编制项目申请报告。故选项 A 错误。项目申请报告的编制，不必详细分析和论证项目市场前景、经济效益、资金来源、产品技术方案等由企业自主决策的内容。故选项 C 错误。项目申请报告的内容和深度要满足评估机构进行项目评估和有关核准部门进行核准的要求。故选项 D 错误。

4. BE。选项 A、D 阐述的是资源利用，根据题干首先应排除这两项。选项 C，再生资源的完全补偿，阐述的是资源节约措施。

5. ACD。对项目申报单位及拟建项目基本情况的介绍，在项目申请报告的编写中占有非常重要的地位。选项 A、C、D 均属于项目单位及拟建项目情况的内容，除此之外还包括项目单位情况、拟建项目情况、技术标准符合性。

6. BDE。项目申请报告主要分为以下 3 类：企业投资项目申请报告、外商投资项目申请报告、境外投资项目申请报告。

六、本章同步练习

（一）单项选择题（每题 1 分。每题的备选项中，只有 1 个最符合题意）

1. 企业投资建设政府核准项目时，为获得项目核准机关对拟建项目的行政许可，按核准要求报送的项目论证报告是指（　　）。

A. 项目建议书

B. 项目资金申请报告

C. 项目可行性研究报告

D. 项目申请报告

2. 关于项目申请报告的编制要求，下列说法正确的是（　　）。

A. 应当分析项目对我国国家利益以及国家安全的影响

B. 必须要选择独立、客观、公正的工程咨询公司编制项目申请报告

C. 应当重点论证项目的市场前景、社会效益以及资金来源

D. 项目申请报告的编制单位应由核准机关委托

3. 阐述行业现状的基本情况以及企业在行业中所处地位，分析拟建项目对所在行业及关联产业发展的影响，属于项目申请报告编制内容中的（　　）。

A. 行业影响分析　　B. 区域经济影响分析

C. 宏观经济影响分析　　D. 社会影响效果分析

4. 对于高耗能、高排放的“两高”项目，分析其碳减排措施和碳减排能力，属于项目申请报告编制内容中的（　　）。

A. 资源开发及综合利用分析　　B. 生态环境影响分析

C. 经济影响分析　　D. 社会影响分析

（二）多项选择题（每题2分。每题的备选项中，有2个或2个以上符合题意，至少有1个错项。错选，本题不得分；少选，所选的每个选项得0.5分）

1. 企业投资项目申请报告应包括（　　）。

A. 项目节能分析　　B. 项目单位情况

C. 经济和社会影响分析　　D. 拟建项目情况

E. 资源利用和生态环境影响分析

2. 下列涉及国家经济安全的重大项目分析内容中，属于经济安全分析内容的有（　　）。

A. 产业技术安全分析　　B. 社会造价安全分析

C. 资本供应安全分析　　D. 生态环境安全分析

E. 资源供应安全分析

3. 社会影响效果分析应重点阐述的内容包括（　　）。

A. 社会影响区域范围的界定

B. 分析拟建项目能否被当地的社会环境、人文条件所接纳

C. 区域内受项目影响的机构和人群的识别

D. 识别各方面的社会风险持续时间和影响程度

E. 分析项目可能导致的各种社会影响效果

七、本章同步练习答案

（一）单项选择题

1. D	2. A	3. A	4. B

（二）多项选择题

1. BCDE	2. AE	3. ACE

第五章

资金申请报告

一、本章核心考点分布

- 资金申请报告
  - 资金申请报告的分类（2021年、2022年）
  - 资金申请报告的编制（2020年、2021年、2022年）

二、专家剖析考点

1. 资金申请报告3个类别的内容及报送时附送的文件要区分，会考查多项选择题。
2. 资金申请报告的编制内容要熟悉，可能会考查多项选择题。

三、本章核心考点必刷题

考点1　资金申请报告的分类

例：根据《中央预算内投资补助和贴息项目管理办法》（国家发展改革委令第45号）的规定，财政补贴性资金支持项目资金申请报告内容包括（ABCD）。

A. 项目单位的基本情况和财务状况
B. 项目的基本情况
C. 申请投资补助或贴息资金的主要原因和政策依据
D. 项目招标内容
E. 申请国家补贴资金的主要理由和政策依据
F. 项目概况
G. 国外贷款来源及条件
H. 项目对外工作进展情况
I. 贷款使用范围
J. 设备和材料采购清单及采购方式
K. 经济分析和财务评价结论
L. 贷款偿还及担保责任
M. 还款资金来源及还款计划

题号	拓展同类必刷题	答案
1	根据《国家高技术产业发展项目管理暂行办法》（国家发展改革委令第43号）的规定，高技术产业化项目资金申请报告内容包括（　　）。	ABDE

（续）

题号	拓展同类必刷题	答案
2	根据《国际金融组织和外国政府贷款投资项目管理暂行办法》（国家发展改革委令第28号）的规定，国际金融组织贷款项目资金申请报告内容包括（　　）。	FGHIJKLM

考点点评

1. 首先要了解什么是资金申请报告。它是指企业为获得政府资金支持、财政专项资金支持、国际金融组织或者外国政府贷款而编制的向有关政府提交的文件。

政府资金支持和专项资金支持的两个级别：国家级和地方级。

国家级资金支持一般对资金申请报告的内容和深度有明确规定和要求。

地方级资金支持应执行地方政府的规定，无规定者可参照国家规定执行或者适当简化。

2. 注意选项D，资金在500万元及以上的投资项目适用。

3. 在报送财政补贴性资金申请报告、高科技产业化项目资金申请报告、国际金融组织贷款项目资金申请报告时，应附送相关文件。这部分内容可能会考查多项选择题。

考点2　资金申请报告的编制

例：资金申请报告的编制内容有（ABCDEFGHIJKLMNOPQRST）。

A. 项目单位及拟建项目情况
B. 项目的基本内容
C. 项目投资需求
D. 项目融资构成、融资成本和融资方案合理性分析
E. 拟申请资金数额和理由
F. 项目资金使用计划分析
G. 项目建设期
H. 项目财务分析
I. 项目经济分析
J. 项目清偿能力分析
K. 社会影响效果分析
L. 社会适应性分析
M. 社会稳定风险分析
N. 资源风险和防范措施
O. 市场风险和防范措施
P. 技术装备风险和防范措施
Q. 投资与融资的风险和防范措施
R. 项目进展情况
S. 项目的市场与竞争力研究情况
T. 项目主要政策性内容落实情况

考点点评

1. 资金申请报告的编制内容在考查时，可能会给出具体的工作内容，判断是属于哪方面的分析。

2. 资金申请报告的编制依据：资金提供者提出的要求。可能设置的干扰选项是“资金申请者提出的要求”。

考点点评

3. 资金申请报告的编制要求应熟悉。

（1）可以自行编制，也可以选择有能力、有实力的咨询机构进行编制。

（2）能反映投资主管部门对投资行为的引导和约束；反映项目投资主体情况、项目情况和资金使用情况。

四、本章真题实训

1.【2022 年真题】关于资金申请报告编制内容的说法，正确的是（　　）。

A. 利用国际金融组织贷款的项目，应说明企业是否使用过此项资金

B. 项目总投资估算不包括资金筹措费用

C. 重点是技术方案，不需要编制工程和配套措施方案

D. 重点是清偿能力分析，不需要进行盈利能力分析

2.【2020 年真题】中国企业在境内投资建设的项目，申请使用政府投资补助、贷款贴息的，应当在履行核准或备案手续后，向投资主管部门提交（　　）。

A. 项目建议书　　B. 项目申请报告

C. 项目资金申请报告　　D. 项目初步设计

3.【2022 年真题】关于国际金融组织贷款项目资金申请报告的说法，正确的有（　　）。

A. 报送资金申请报告时，应提供贷款机构对项目的评估报告

B. 资金申请报告可作为项目申请报告的编制依据，并作为项目申请报告的附件

C. 备案项目报送资金申请报告时，应提供项目备案证明

D. 资金申请报告应包括贷款使用范围和资金安排

E. 企业报送的资金申请报告中的配套资金应由地方政府负责筹措

4.【2021 年真题】关于财政补贴性资金支持项目资金申请报告的说法，正确的有（　　）。

A. 资金申请报告应提出投资补助或贴息的理由

B. 资金申请报告根据项目的大小，应有招标方案或招标书

C. 备案项目报送资金申请报告时应提供备案证明

D. 新征土地时，应提交有关部门出具的预审意见作为附件

E. 使用财政补贴性资金时，其他应全部为资本金

5.【2020 年真题】关于项目资金申请报告编制要求的说法，正确的有（　　）。

A. 项目资金申请报告的编制一般以资金申请者提出的要求为依据

B. 项目资金申请报告应充分响应资金使用要求，反映投资主管部门对投资行为的引导和约束

C. 项目资金申请报告应反映项目投资主体情况、项目情况和资金使用情况

D. 申请政府资本金注入的项目应编制项目资金申请报告

E. 项目资金申请报告可以由项目单位自行编制

五、本章真题实训答案及解析

1. A。选项 B 错误，估算项目总投资包括资金筹措费用。选项 C 错误，需要编制工程和配套措施方案。选项 D 错误，包括财务分析、项目经济分析、项目清偿能力分析。

2. C。根据《中央预算内投资补助和贴息项目管理办法》（国家发展改革委令第 45 号），以

投资补助和贴息方式使用中央预算内资金（包括长期建设国债投资），应编制资金申请报告。

3. ACD。选项B错误，项目申请报告的编制依据不包括资金申请报告。选项E错误，国务院行业主管部门提出项目资金申请报告时，如项目地方政府安排配套资金、承担贷款偿还责任或提供贷款担保的，应出具省级发展改革部门及有关部门意见。

4. ACD。选项B、E的说法是错误的。注意选项B，对于申请投资补助或贴息资金500万元及以上的投资项目，应具备项目招标内容，不是具备招标方案或招标书。

5. BCE。资金申请报告文本编制通常以资金提供者提出的要求为依据。故选项A错误。以投资补助和贴息方式使用中央预算内资金（包括长期建设国债投资），应编制资金申请报告。故选项D错误。

六、本章同步练习

（一）单项选择题（每题1分。每题的备选项中，只有1个最符合题意）

1. 资金申请报告是从（　　）角度，申报单位向政府回答企业拟建项目的合规性、企业承担项目的能力、项目财务上的可行性以及拟建项目对经济、社会、资源、环境等方面的影响和贡献。
   A. 政府公共管理　　B. 市场前景可行性
   C. 资金使用的合理性　　D. 财务可行性

2. 关于资金申请报告，下列说法正确的是（　　）。
   A. 资金申请报告类别与资金来源和性质没有关系
   B. 资金申请报告编制内容通常由资金申请者根据需要确定
   C. 资金申请报告是指项目投资者为了获得国外商业银行贷款而进行编制的报告
   D. 使用国际金融组织贷款的项目需要编制资金申请报告

（二）多项选择题（每题2分。每题的备选项中，有2个或2个以上符合题意，至少有1个错项。错选，本题不得分；少选，所选的每个选项得0.5分）

1. 根据资金来源和性质不同，现阶段有明确规定和要求的资金申请报告主要有（　　）。
   A. 重点支撑项目资金申请报告　　B. 财政补贴性资金支持项目资金申请报告
   C. 一般工业建设项目资金申请报告　　D. 国际金融组织贷款项目资金申请报告
   E. 高技术产业化项目资金申请报告

2. 财政补贴性资金支持项目资金申请报告的内容包括（　　）。
   A. 项目单位的基本情况和财务状况
   B. 项目对外工作进展情况
   C. 申请投资补助或贴息资金的主要原因和政策依据
   D. 项目的基本情况
   E. 申请投资补助或贴息资金300万元及以上的投资项目招标内容

3. 资金申请报告编制内容中，对项目申报单位基本情况的编制，下列说法正确的有（　　）。
   A. 对于股份制企业，应介绍主要出资人情况
   B. 对外商投资企业，应注明各方单位全称、注册国家（地址）
   C. 对技术改造项目，要说明现有企业基本情况
   D. 对境外投资项目，要介绍投资主体的情况和合作伙伴的情况
   E. 对购并项目，应说明企业目前存在的主要经营发展问题

4. 资金申请报告的编制内容中，应通过项目融资分析说明（　　）。
   A. 项目的运行能力　　B. 项目总投资及构成

C. 政府资金介入的必要性
D. 拟申请资金数额和理由
E. 项目引起的社会影响效果

七、本章同步练习答案

（一）单项选择题

1. C	2. D

（二）多项选择题

1. BDE	2. ACD	3. ABCD	4. BCD

第六章
项目评估

一、本章核心考点分布

- 项目评估
  - 项目评估的任务、原则、作用及分类（2019年、2020年、2021年、2022年、2023年）
  - 项目评估质量控制的重点（2018年、2019年）
  - 项目申请报告评估的内容和要点（2021年、2022年）
  - PPP项目评估的内容和要点（2021年、2022年）
  - 承担政府投资咨询评估业务的要求（2021年、2022年）

二、专家剖析考点

1. 项目评估的任务、原则、作用及分类要重点掌握，近5年考试中，每年都会考查。
2. 企业投资项目申请报告的评估是本章的重点内容，这部分内容适合考查多项选择题。
3. 项目评估质量控制的重点包括5方面内容，一般会以综合题形式考查。
4. 规划评估的重点内容可能会考查多项选择题。
5. 承担政府投资咨询评估业务的范围可能会考查多项选择题。承担具体专业投资咨询评估任务的评估机构具备的条件易考查判断正确与错误的综合题。
6. 不同部门委托项目评估的任务一般以单项选择题考查。
7. 项目评估的作用了解即可。
8. 资金申请报告评估和可行性研究报告评估的内容和要点应熟悉。
9. 项目评估质量控制的目的、重要性及流程作为一般了解性内容。
10. 境外投资项目的项目申请报告评估和PPP项目评估的内容一般会以单选题的形式进行考查。

三、本章核心考点必刷题

考点1　项目评估的任务、原则、作用及分类

例：不同的委托主体，对评估的内容及侧重点的要求有所不同。政府部门委托的企业投资项目核准评估侧重于（ABCDE）。

A. 项目的外部影响评估

B. 分析论证项目建设是否危害经济安全、社会安全、生态安全等国家安全

C. 分析论证项目是否符合相关发展建设规划、技术标准和产业政策
D. 分析论证项目建设是否合理开发并有效利用资源
E. 分析论证项目建设是否对重大公共利益产生不利影响
F. 兼顾自身的投资效果、经济性和外部影响
G. 评估项目的产品市场前景和项目本身的内部性条件
H. 评估产品的市场竞争力、技术方案合理性、投资水平、资金来源、经济效益、项目本身的盈利能力和风险
I. 评估贷款资金的安全性
J. 评估融资主体的清偿能力和项目本身的生产经营风险

题号	拓展同类必刷题	答案
1	不同的委托主体，对评估的内容及侧重点的要求有所不同。政府部门委托的政府投资项目核准评估侧重于（　　）。	F
2	不同的委托主体，对评估的内容及侧重点的要求有所不同。企业委托的项目核准评估侧重于（　　）。	GH
3	不同的委托主体，对评估的内容及侧重点的要求有所不同。金融机构委托的项目核准评估侧重于（　　）。	IJ

考点点评

1. 掌握园区委托项目评估的侧重点，包括7项，通过下面这道题目学习：
园区委托项目评估的侧重点在于（ABCDEFG）。
A. 评估项目与园区的相符性和相容性
B. 评估项目是否符合园区产业定位和产业发展方向
C. 评估项目是否符合园区土地利用条件
D. 评估项目是否与园区公用工程和基础设施兼容
E. 评估项目是否需要进行重大调整
F. 评估项目是否对园区环境保护或安全生产带来不利影响
G. 评估项目是否符合园区产业投入产出条件

2. 项目评估应坚持4个原则，即独立原则、公正原则、科学原则、可靠原则。

3. 项目评估的作用是有利于提高决策水平，有利于提高投资效益，有利于提高前期工作质量与效率。

4. 项目评估的分类可能会这样命题：

（1）从项目评估内容的角度分类，项目评估可以分为（　　）。要特别注意，项目评估的再评估属于项目评估。

（2）从项目评估委托主体的角度分类，项目评估可以分为（　　）。

考点2　项目评估质量控制的重点

例：项目评估质量控制的重点包括（ABCDE）。
A. 配置人力资源　　B. 收集待评材料
C. 制订工作计划　　D. 建立评审制度
E. 建立质量控制责任制

考点点评

考生还需要了解的有：

（1）配置人力资源最重要的工作：项目经理选任和专家聘用。

（2）保障咨询评估产品质量的重要环节：收集待评材料。

（3）项目评估质量控制的责任人：项目经理、部门领导、公司领导和管理部门相关责任人。

考点3　项目申请报告评估的内容和要点

例1：下列属于企业投资项目申请报告评估的主要内容有（ABCDEFGHIJKLMNOPQRSTUVWXYZA1B1）。

A. 申报单位及项目概况评估　　B. 发展规划评估

C. 产业政策评估　　D. 行业准入评估

E. 自主创新和采用先进技术评估　　F. 项目建设必要性评估

G. 资源开发方案评估　　H. 资源利用方案评估

I. 资源节约措施评估　　J. 用能标准和节能规范评估

K. 能耗状况和能耗指标分析　　L. 节能措施和节能效果分析

M. 项目选址及用地方案评估　　N. 土地利用合理性评估

O. 征地拆迁和移民安置规划方案评估　　P. 环境和生态影响程度评估

Q. 生态环境保护措施评估　　R. 地质灾害影响评估

S. 特殊环境影响评估　　T. 对"两高"项目碳排放强度和总量评估

U. 经济费用效益或费用效果分析的评估　　V. 行业影响评估

W. 区域经济影响评估　　X. 宏观经济影响评估

Y. 社会影响效果评估　　Z. 社会适应性评估

A1. 社会风险及对策措施评估　　B1. 主要风险及应对措施评估

题号	拓展同类必刷题	答案
1	企业投资项目申请报告中的资源开发及综合利用评估内容包括（　　）。	GHI
2	企业投资项目申请报告中的节能方案评估内容包括（　　）。	JKL
3	企业投资项目申请报告中的环境和生态影响评估内容包括（　　）。	PQRST
4	企业投资项目申请报告中的经济影响评估内容包括（　　）。	UVWX

考点点评

1. 关于企业投资项目申请报告的咨询评估，还可能考查评估内容的一些具体应用。考生应对这一点特别关注。

2. 对于提出准予核准咨询意见的企业投资项目，应具备的条件通过下面题目掌握：

对于提出准予核准咨询意见的企业投资项目，应具备的条件有（ABCDEF）。

A. 符合准入标准

B. 符合国家法律法规和宏观调控政策

C. 符合发展规划、产业政策、技术政策

D. 合理开发并有效利用了资源

E. 对项目建设地的公众利益不产生重大不利影响

F. 不影响我国国家安全、经济安全和生态安全

例 2：对于境外投资项目的项目申请报告进行评估，需要着重论证的内容包括（ABCDEFGHI）。

A. 是否符合共同发展的原则
B. 是否符合互利共赢的原则
C. 是否会危害公共利益
D. 是否会危害国家主权
E. 是否会危害安全
F. 是否符合国家资本项目管理相关规定
G. 是否违反我国缔结的国际条约
H. 是否违反我国参加的国际条约
I. 投资主体是否具备相应的投资实力
J. 是否符合外商投资产业指导目录
K. 是否符合《自由贸易试验区外商投资准入特别管理措施（负面清单）》
L. 是否符合《外商投资准入特别管理措施（负面清单）》
M. 是否符合发展规划、产业政策以及准入标准
N. 是否合理开发并且有效利用资源
O. 是否影响国家生态安全
P. 是否符合外债管理的规定
Q. 是否对公众利益产生重大不利影响

题号	拓展同类必刷题	答案
1	对于外商投资项目的申请报告评估需要着重论证的内容包括（　　）。	JKLMNOPQ

考点 4　PPP 项目评估的内容和要点

例：PPP 项目实施方案评估的内容包括（ABCDEF）。

A. 项目规模与工程技术方案是否合理
B. 项目实施 PPP 模式的必要性
C. 投融资方案是否可行
D. 项目运作模式与交易结构是否合理
E. PPP 合同内容和关键条款评估
F. 社会资本方采购方案是否合理

考点点评

除了要掌握实施方案评估内容，还应掌握两个采分点：

（1）实施方案报告的审查：提交联审机制审查。

（2）PPP 项目的决策程序：根据《中共中央　国务院关于深化投融资体制改革的意见》，一般按照审批制项目决策程序要求，编制项目建议书、项目可行性研究报告和相应的立项、决策审批要求的文件。

考点 5　承担政府投资咨询评估业务的要求

例：咨询评估任务完成以后，应填写对评估报告质量的评价，评价结果与服务费用、“短名单”动态管理挂钩。对于评估报告首次评价为较差的咨询机构，国家发展改革委固定资产投资司对其处理方式有（AB）。

A. 约谈
B. 警告
C. 暂停其“短名单”机构资格一年
D. 从“短名单”中删除

题号	拓展同类必刷题	答案
1	对于评估报告累计两次评价为较差的咨询机构，国家发展改革委固定资产投资司对其处理方式是（　　）。	C
2	对于评估报告累计三次评价为较差的咨询机构，国家发展改革委固定资产投资司对其处理方式是（　　）。	D

考点点评

1. 对于评估报告评价较差的咨询机构的处理方式，不仅会考查上述例题题型，还可能会以判断正确与错误的综合题目考查。

2. 熟悉承担具体专业投资咨询评估任务的评估机构应具备的条件，可能会考查判断正确与错误的综合题目。

3. “短名单”的调整要了解。国家发展改革委对“短名单”机构进行动态调整，原则上每三年调整一次。

4. 从“短名单”中删除评估机构的情形通过下面题目学习：

评估机构有（ABCD）情形的，国家发展改革委应当将其从“短名单”中删除。

A. 评估报告有重大失误

B. 累计两次拒绝接受委托任务

C. 未在规定时限或者经批准的延期时限内完成委托任务

D. 违反《工程咨询行业管理办法》有关规定的

出现上述选项A所列情形的，对涉及的咨询工程师（投资），取消其执业登记。

四、本章真题实训

1.【2023年真题】对政府委托的企业投资项目进行核准评估时，应侧重于（　　）。

A. 项目财务效益的评估　　B. 项目产品的竞争力评估

C. 项目的外部影响评估　　D. 项目本身的风险评估

2.【2022年真题】承担国家投资主管部门委托的政府投资项目评估业务的咨询机构，应具备的条件包括（　　）。

A. 具有乙级综合资信等级或评估项目所属专业的甲级资信等级

B. 具有甲级综合资信等级或评估项目所属专业的甲级资信等级

C. 应承担过不少于10项单项投资总额3亿元以上的项目申请报告评估任务

D. 应有不少于30名专业咨询人员或咨询工程师（投资）

3.【2022年真题】关于政府和社会资本合作（PPP）项目评估的说法，正确的是（　　）。

A. PPP实施方案的物有所值评价是重点评估的内容之一

B. 项目不需要经过项目建议书评估程序

C. 项目可行性研究报告应由项目社会资本方单独组织评估

D. PPP合同内容和关键条款不纳入实施方案评估内容

4.【2021年真题】关于项目评估的说法，正确的是（　　）。

A. 各类项目评估的内容与要求应符合项目建设单位的要求

B. 项目评估是通过专家评审达到支持所评项目既有结论的目的

C. 项目评估的再评估通常不属于项目评估的范畴

D. 项目评估有利于提高工程项目前期决策的质量

5.【2021年真题】根据《国家发展改革委投资咨询评估管理办法》，关于咨询评估机构管理的说法，正确的是（　　）。

A. 国家发展改革委对咨询机构实行“短名单”管理，原则上每年调整一次

B. 对拒绝接受委托任务的咨询机构，国家发展改革委将从“短名单”中删除

C. 对评估报告首次评价为较差的评估机构，国家发展改革委将暂停其“短名单”资质一年

D. 对评估报告累计三次评价为较差的评估机构，国家发展改革委将其从“短名单”中删除

6.【2019 年真题】为控制项目评估的质量，需要配置人力资源，其中最重要的工作是（　　）。

A. 建立质量控制责任制
B. 建立内部评审制度
C. 建立内部工作机制
D. 选任项目经理和聘用专家

7.【2022 年真题】下列项目评估内容中，属于企业投资项目申请报告重点评估内容的有（　　）。

A. 项目财务效益
B. 项目融资方案
C. 环境和生态影响
D. 建设用地和拆迁安置情况
E. 产品市场竞争力

8.【2021 年真题】关于项目可行性研究报告建设条件和场（厂）址选择评估的说法，正确的有（　　）。

A. 大型项目的场（厂）址选择应评估项目对公众利益的影响
B. 涉及人口动迁的项目应评估补偿标准是否按照建设单位的规定执行
C. 工业生产项目应评估是否满足土地利用总体规划要求
D. 固体废弃物处置项目应评估是否遵守了行业规范
E. 生态和环境条件通常不属于建设条件评估内容

9.【2020 年真题】根据项目评估结论准予核准的企业投资项目，应具备的条件有（　　）。

A. 充分利用稀缺资源
B. 符合发展规划、产业政策和技术政策
C. 适度采取生态保护措施降低项目对生态的影响程度
D. 符合国家法律和宏观调控政策
E. 不影响我国国家安全、经济安全和生态安全

五、本章真题实训答案及解析

1. C。选项 A、B、D 属于企业委托项目评估侧重点。

2. B。选项 A 错误，具有所申请专业的甲级资信等级，或具有甲级综合资信等级。选项 C 错误，应不少于 20 项（特殊行业除外）。选项 D 错误，没有对专业咨询人员或咨询工程师（投资）人数的规定。

3. A。选项 B 错误，应按照审批制项目决策程序要求，编制项目建议书、项目可行性研究报告和相应的立项、决策审批。选项 C 错误，应提交联审机制审查。选项 D 错误，实施方案评估内容包括 PPP 合同内容和关键条款评估。

4. D。选项 A 错误，不同的委托主体开展项目评估的目的不同，评估内容和侧重点要求也有所不同。选项 B 错误，项目评估是从专业角度，科学地、实事求是地回答委托方的疑问，客观评价咨询成果质量，提出明确的评估结论，并进一步提出咨询意见或建议的工作过程。选项 C 错误，项目评估的再评估也属于项目评估。

5. D。对“短名单”机构进行动态调整，原则上每三年调整一次。故选项 A 错误。累计两次拒绝接受委托任务，国家发展改革委应当将其从“短名单”中删除。故选项 B 错误。对评估报告首次评价为较差的咨询机构，由投资司进行约谈、警告。故选项 C 错误。

6. D。项目评估人力资源配置，最重要的是项目经理选任和专家聘用。

7. CD。对于企业提交的项目申请报告进行评估，除选项 C、D 外还包括：①申报单位及项目概况评估；②发展规划、产业政策和行业准入评估；③资源开发及综合利用评估；④节能评估；⑤移民安置评估；⑥经济影响评估；⑦社会影响评估；⑧主要风险及应对措施评估；⑨主要评估

结论和建议。

8. ACD。如果涉及人口动迁和拆迁补偿的，需要评估动迁人口的数量、态度、补偿标准等，分析对项目的影响，故选项 B 错误。建设条件包括建设地点的自然条件、社会经济条件、外部交通条件、公用工程配套条件、用地条件、生态与环境条件等，故选项 E 错误。

9. BDE。对于提出准予核准咨询意见的企业投资项目，必须具备 5 个条件，除了选项 B、D、E 外，还包括合理开发并有效利用了资源；对公众利益，特别是项目建设用地的公众利益不产生重大不利影响。

六、本章同步练习

（一）单项选择题（每题 1 分。每题的备选项中，只有 1 个最符合题意）

1. 政府部门委托的政府投资项目核准评估侧重于（　　）。

A. 项目的产品市场前景和项目本身的内部性条件

B. 项目建设是否对重大公共利益产生不利影响

C. 自身的投资效果、经济性和外部影响

D. 项目是否符合相关发展建设规划、技术标准和产业政策

2. 关于项目评估原则的说法，正确的是（　　）。

A. 政府委托评估的项目，咨询机构应尽可能维护项目承担者诉求

B. 应尽可能维持评估对象提供的相关数据和资料不变

C. 评估专家意见应与委托者保持一致

D. 项目评估的结果应符合实际，且具可操作性

3. 对企业申请中央预算内投资补助、转贷和贷款贴息项目的资金申请报告进行咨询评估，下列属于其主要评估要点的是（　　）。

A. 是否符合国外贷款备选项目规划

B. 是否符合有关工作方案的要求

C. 贷款偿还和担保责任是否明确

D. 是否已按规定履行审批、核准或备案手续

4. 对于需要占用重要资源的拟建项目，从发展循环经济、建设资源节约型社会等角度，对主要资源占用品种、数量、来源情况以及综合利用方案的合理性进行分析评估，属于企业咨询评估报告内容中的（　　）。

A. 项目建设必要性评估　　B. 资源开发方案评估

C. 资源节约措施评估　　D. 资源利用方案评估

5. 产业发展规划的方案评估重点是（　　）。

A. 评估规划方案所提出的产业方向 、产业规模、产业结构、主要任务、重点项目、进度安排的合理性、可行性

B. 对规划边界、区块划分、土地利用、总图布局等相关规划内容进行评价

C. 对专项内容、措施方案、关键指标、投资结构、进度计划等进行评价

D. 对企业选择的发展路径、技术路线、区域布局进行评价

6. 关于项目评估质量控制的说法，正确的是（　　）。

A. 项目评估质量控制的目的是确保咨询项目通过评审

B. 项目评估质量控制的工作重点之一是配备合格的项目经理

C. 项目评估质量控制流程的最终环节是组织专家评审

D. 项目评估质量控制工作的第一步是验收顾客提供的资料

（二）多项选择题（每题2分。每题的备选项中，有2个或2个以上符合题意，至少有1个错项。错选，本题不得分；少选，所选的每个选项得0.5分）

1. 关于项目评估作用的说法，正确的有（　　）。

A. 提高投资效益，避免决策失误带来损失

B. 提高前期工作质量，避免重复返工以及浪费

C. 提高项目决策的水平，为投资主体提供决策依据

D. 对项目建设成果进行评价，为项目运营奠定基础

E. 对项目建设过程进行分析，为项目绩效考核提供依据

2. 规划评估的主要内容有（　　）。

A. PPP项目评估

B. 规划实施保障措施评估

C. 规划方案评估

D. 发展思路和规划目标评估

E. 规划基础评估

3. 对于企业投资项目评估时，提出准予核准咨询意见所需要具备的条件包括（　　）。

A. 符合发展规划、技术政策以及产业政策

B. 不影响国家安全以及经济安全

C. 尽可能利用珍稀资源

D. 对生态虽有影响，但是已经承诺采取生态保护措施

E. 符合国家法律和宏观调控政策

4. 项目评估质量控制过程中，在组织评估前应完成的工作有（　　）。

A. 接受委托

B. 明确职责分工

C. 编制工作计划

D. 选任项目经理

E. 开展质量检查

七、本章同步练习答案

（一）单项选择题

1. C	2. D	3. B	4. D	5. A	6. B

（二）多项选择题

1. ABC	2. BCDE	3. ABE	4. ACD

第七章

建设方案研究与比选

一、本章核心考点分布

建设方案研究与比选

- 建设规模和产品方案研究与比选（2019年、2020年、2021年、2022年）
- 建设方案的绝对经济效果分析（2018年、2019年、2020年、2021年、2022年）
- 建设方案的相对经济效果分析（2018年、2020年、2021年、2022年）
- 场（厂）址及线路方案研究（2018年、2019年、2020年、2021年、2022年、2023年）
- 总图运输方案研究与比选（2018年、2019年、2020年、2021年、2022年）
- 工艺技术及设备方案研究与比选（2018年、2020年、2021年、2022年）
- 建设方案研究与比选的原则和指标体系（2018年、2019年、2020年、2021年、2022年）
- 土建工程方案研究基本要求及研究内容（2022年）
- 建设方案研究与比选的范围（2020年）
- 建设方案研究与比选的作用（2021年）
- 原材料与燃料供应方案的研究与比选（2020年）

二、专家剖析考点

1. 建设方案研究与比选的范围属于基础知识，考查形式一般是判断工程方案包括的比选内容。

2. 在建设规模和产品方案研究与比选这部分内容中，命题者青睐的考点是确定建设规模考虑的因素。

3. 建设方案的经济比选主要以考查计算为主，考试难度较大。这部分内容要在理解的基础上记忆。

4. 相关方案的经济比选中要掌握互斥方案比选方法，务必理解透彻。

5. 场（厂）址及线路方案研究与比选是考试的重点内容，连续出现在历年的考卷上，值得考生重点关注。

6. 总图运输方案研究与比选内容，其考查内容主要有两个：一是厂区总平面布置；二是厂区竖向布置。

7. 工艺技术及设备方案研究与比选是不容忽视的考点，理解记忆为上策。以考查综合题为主。
8. 建设方案研究与比选的任务、作用、原则和指标体系作为一般考点，熟悉即可。
9. 建设方案及其比选方法的类型作为一般了解内容，无须重点关注。
10. 土建工程方案研究的基本要求应了解。
11. 建设方案研究与比选的作用和原材料与燃料供应方案的研究，这两个考点考生需要了解。
12. 建设方案的关系类型在考查时，一般是根据题干中方案间关系类型，判断关系组合数量。

三、本章核心考点必刷题

考点 1　建设规模和产品方案研究与比选

例：关于项目建设规模研究的说法，正确的有（ABCDEFGHIJKLM）。

A. 衡量建设项目合理经济规模的指标有单位产品投资、单位产品成本、劳动生产效率及单位投资利润
B. 合理经济规模可以使项目投入产出处于较优状态，可以获得最佳经济效益
C. 确定建设项目规模时，应考虑市场容量与竞争力
D. 市场对拟建项目的产品品种、规格和数量的需求直接影响拟建规模的确定
E. 应考虑关联产品或副产品的受制因素对建设规模的影响
F. 自然资源的可供量直接影响到建设方案的规模
G. 建设项目规模的确定应充分考虑当地能源管理行政主管部门给出的总量控制指标
H. 确定建设规模要综合考虑采用技术、设备的可靠性、可得性、适用性和先进性
I. 生产技术与主要设备的制造水平与建设规模相关
J. 确定建设规模的主要方法包括经验法、生存技术法、规模效果曲线法
K. 考虑建设规模合理性的首要因素是项目建设规模是否符合国家和行业的产业政策、相关规划和准入条件
L. 项目的建设规模应与其建设条件相适应、相匹配
M. 研究建设规模时，应分析收益的合理性，最大限度地实现服务最佳化、费用最低化、效益最大化

考点点评

1. 首先应掌握建设规模的概念。可能会这样命题：项目在设定的正常生产运营年份达到的生产（服务）能力或使用效益是（　　）。不同类型项目建设规模表述不同。

2. 衡量建设项目合理经济规模的指标还有可能以多项选择题形式考查。

3. 选项 B 可能会设置的干扰项为“合理经济规模可以使项目的利润总额达到行业最高”。

4. 选项 J，确定建设规模的主要方法还有可能会以多项选择题形式考查。要特别关注规模效果曲线法。考试时会根据规模效果曲线示意图，判断盈亏平衡点、最佳建设规模点、规模经济区等。考生可根据历年真题学习、理解。

5. 产品方案的内容可能会这样命题：

产品方案包括产品品种、数量、规格、性质、质量标准和（　　）。

6. 产品与方案研究与比选还可能会这样命题：

关于产品与方案研究与比选的说法，正确的有（　　）。

考点 2　建设方案的绝对经济效果分析

例 1：下列建设方案经济评价指标中，属于静态评价指标的有（ABCDEFGH）。

A. 总投资收益率
B. 资本金净利润率
C. 静态投资回收期
D. 流动比率
E. 利息备付率
F. 偿债备付率
G. 资产负债率
H. 速动比率
I. 动态投资回收期
J. 净现值
K. 净年值
L. 内部收益率
M. 净现值率
N. 费用现值
O. 费用年值
P. 效益费用比

题号	拓展同类必刷题	答案
1	下列建设方案经济评价指标中，属于动态评价指标的有（　　）。	IJKLMNOP
2	下列建设方案经济评价指标中，属于盈利能力静态评价指标的有（　　）。	ABC
3	下列建设方案经济评价指标中，属于偿债能力静态评价指标的有（　　）。	DEFGH
4	下列建设方案经济评价指标中，属于盈利能力动态评价指标的有（　　）。	IJKLMNOP
5	在指标计算时必须首先确定一个符合经济现实的基准收益率，该指标是（　　）。	J
6	使投资方案在计算期内各年净现金流量的现值累计等于零时的折现率为（　　）。	L
7	下列建设方案经济评价指标中，属于价值型指标的有（　　）。	JKNO
8	下列建设方案经济评价指标中，属于时间型指标的有（　　）。	CI
9	下列建设方案经济评价指标中，属于比率型指标的有（　　）。	ABDEFGHLMP
10	投资方案在达到设计生产能力后的一个正常年份的年息税前利润或年均息税前利润与方案总投资的比率称为（　　）。	A

例 2： 下列关于项目经济评价指标的说法，正确的有（ABCDEFGHIJKLMN）。

A. 投资回收期是反映投资方案实施以后回收初始投资并获取收益能力的重要指标
B. 静态投资回收期是在不考虑资金时间价值的条件下，以项目方案的净收益回收其总投资所需要的时间
C. 静态投资回收期小于或等于基准投资回收期时，方案可以考虑接受
D. 静态投资回收期在一定程度上反映了资本的周转速度
E. 静态投资回收期没有全面考虑方案在整个计算期内的现金流量
F. 静态投资回收期只能作为辅助评价指标，或与其他评价方法结合应用
G. 静态投资回收期只考虑了回收之前的经济效果
H. 净现值指标全面考虑了项目在整个计算期内的经济状况
I. 净现值能够直接以货币额表示项目的超额收益水平
J. 费用现值指标的计算不考虑方案的收益，需要考虑方案的投资和经营成本支出和方案资产的余值回收
K. 内部收益率指标能直接衡量项目未收回投资的收益率
L. 内部收益率指标不用事先确定一个基准收益率
M. 随着折现率的逐渐增大，净现值将由大变小
N. 内部收益率大于基准收益率时，投资方案可行

考点点评

1. 净现值与内部收益指标评价建设方案经济效果的共同特点是均考虑资金的时间价值。
2. 选项 F 可能会设置的干扰选项：静态投资回收期可以单独用来评价方案是否可行。
3. 选项 M 可能会设置的干扰选项：基准收益率越大，财务净现值越大。
4. 选项 N 可能会设置的干扰选项：内部收益率大于基准收益率时，投资方案不可行。

考点点评

5. 针对上述内容，还有可能考查静态投资回收期、净现值及内部收益率的计算，动态投资回收期的计算一般不会考。比如：

已知某项目的净现金流量见下表。若 $i=10\%$，则该项目的净现值和静态投资回收期分别为（A）。

某项目的净现金流量

年份	0	1	2	3	4	5
净现金流量/万元	-250	100	100	100	100	100

A. 129.08 万元，2.5 年　　B. 129.08 万元，2.3 年

C. 151.73 万元，2.5 年　　D. 151.73 万元，2.3 年

【分析】净现值的计算：

根据公式 $NPV=\sum_{t=0}^{n}(CI-CO)_t(1+i_c)^{-t}$ 可得，-250 万元 $+100$ 万元 $\times(1+10\%)^{-1}+100$ 万元 $\times(1+10\%)^{-2}+100$ 万元 $\times(1+10\%)^{-3}+100$ 万元 $\times(1+10\%)^{-4}+100$ 万元 $\times(1+10\%)^{-5}=129.08$ 万元。

静态投资回收期的计算，有以下两种方法：

(1)根据上表可得：

年份	0	1	2	3	4	5
净现金流量/万元	-250	100	100	100	100	100
累计净现金流量/万元	-250	-150	-50	50	150	250

静态投资回收期 $=(3-1)$ 年 $+\frac{|-50|}{100}$ 年 $=2.5$ 年。

(2) 该项目只有初始投资 I，且计算期内各年的净现金流量 A 保持不变，则静态投资回收期 $=\frac{I}{A}=\frac{250}{100}$ 年 $=2.5$ 年。

考点3　建设方案的相对经济效果分析

例1： A_1、A_2、B_1、B_2、B_3、C_1、C_2 共 7 个方案中，A_1、A_2 为互斥，B_1、B_2、B_3 之间是互斥，且 B_1、B_2、B_3 从属于 A_1，C_1 与 C_2 互斥，且 C_1 与 C_2 从属于 A_2，则这些方案可以构成的互斥方案组合数为（B）种。

A. 7　　B. 8

C. 9　　D. 10

考点点评

1. 方案间的关系包括独立型、互斥型、互补型、相关型、从属型和混合型。掌握这几种关系的含义，要注意从属关系。

在多个备选方案中，某个方案 Y 是否被接受取决于另外一个方案 X 是否被采纳，但即便是方案 X 被采纳，方案 Y 依旧可能不被接受。会有几种情形：①方案 X 不采用，方案 Y 肯定被拒绝；②采用方案 X，方案 Y 被接受；③采用方案 X，方案 Y 被拒绝。此时方案 X 和方案 Y 之间是从属关系，方案 Y 从属于方案 X。

2. 上述例题中的互斥方案组合见下表：

考点点评

A_1	A_2	B_1	B_2	B_3	C_1	C_2	互斥方案组合
0	0	0	0	0	0	0	无
1	0	0	0	0	0	0	A_1
1	0	1	0	0	0	0	A_1B_1
1	0	0	1	0	0	0	A_1B_2
1	0	0	0	1	0	0	A_1B_3
0	1	0	0	0	0	0	A_2
0	1	0	0	0	1	0	A_2C_1
0	1	0	0	0	0	1	A_2C_2

共有8个互斥方案组合。

例2：某企业现有甲、乙、丙、丁4个互斥方案，其现金流量见下表。基准收益率为10%，方案寿命期均为5年，如采用净现值法则相对较优的选择是（B）。

方案	初始投资/万元	各年净现金流量/万元
甲	200	80
乙	250	100
丙	350	120
丁	400	130

注：$(P/A, 10\%, 5)=3.791$；$(A/P, 10\%, 5)=0.264$。

A. 甲　　B. 乙　　C. 丙　　D. 丁

考点点评

1. 采用净现值指标计算：

$NPV_{甲}=-200$ 万元 $+80$ 万元 $\times(P/A, 10\%, 5)=103.28$ 万元

$NPV_{乙}=-250$ 万元 $+100$ 万元 $\times(P/A, 10\%, 5)=129.10$ 万元

$NPV_{丙}=-350$ 万元 $+120$ 万元 $\times(P/A, 10\%, 5)=104.92$ 万元

$NPV_{丁}=-400$ 万元 $+130$ 万元 $\times(P/A, 10\%, 5)=92.83$ 万元

因 $NPV_{乙}>NPV_{丙}>NPV_{甲}>NPV_{丁}>0$，所以乙方案为最优方案。

2. 本题若采用净年值指标计算，计算过程是这样的：

$NAV_{甲}=NPV_{甲}(A/P, 10\%, 5)=103.28$ 万元 $\times 0.264=27.27$ 万元

$NAV_{乙}=NPV_{乙}(A/P, 10\%, 5)=129.10$ 万元 $\times 0.264=34.08$ 万元

$NAV_{丙}=NPV_{丙}(A/P, 10\%, 5)=104.92$ 万元 $\times 0.264=27.70$ 万元

$NAV_{丁}=NPV_{丁}(A/P, 10\%, 5)=92.83$ 万元 $\times 0.264=24.51$ 万元

因 $NAV_{乙}>NAV_{丙}>NAV_{甲}>NAV_{丁}>0$，所以乙方案为最优方案。

由此可以看出，净年值指标与净现值指标得到的结论是一致的。

3. 在互斥方案比选时，可以采用评价指标直接对比法，所使用的指标有净现值、费用现值、净年值、费用年值、年折算费用和年综合总费用等价值型指标。

4. 采用年折算费用法和年综合总费用法均应选择费用最小的方案为最优方案。年折算费用法的计算公式为：

考点点评

$$第j个方案的年折算费用=\frac{第j个方案的总投资}{基准投资回收期}+第j个方案的年经营成本$$

年综合总费用法的计算公式为：

$$第j个方案的年综合总费用=第j个方案的总投资+基准投资回收期\times第j个方案的年经营成本$$

例3：甲、乙两个方案的计算期相同，甲方案投资为7000万元，年经营成本为10000万元，乙方案投资为5000万元，年经营成本为11000万元。方案同时投入使用，效益相同，若基准投资收益率为20%，运用增量投资收益率选择较优的方案为（A）。

A. 甲　　B. 乙

C. 无法比较　　D. 二者一样

题号	拓展同类必刷题	答案
1	若上述条件不变，基准投资回收期为3年，运用增量投资回收期法选择较优的方案为（　　）。	A

考点点评

1. 增量投资收益率计算公式为：

$$增量投资收益率=\frac{方案1的经营成本-方案2的经营成本}{投资额大的方案（设为方案2）的投资额-投资额小的方案（设为方案1）的投资额}\times100\%$$

$\Delta R_{2-1}=\frac{(11000-10000)万元}{(7000-5000)万元}\times100\%=50\%>20\%$，因此甲方案为最优方案。

2. 增量投资回收期法的计算公式为：

$$增量投资回收期=\frac{投资额大的方案（设为方案2）的投资额-投资额小的方案（设为方案1）的投资额}{方案1的经营成本-方案2的经营成本}$$

$\Delta P_{t,2-1}=\frac{7000-5000}{11000-10000}年=2年<3年$，因此甲方案为最优方案。

3. 采用增量指标分析法的基本计算步骤为：

（1）首先将方案按照投资额从小到大的顺序进行排列。

（2）将满足指标评判准则要求的投资额较小的方案（临时最优方案），作为整个方案序列计算的基础。

（3）计算相邻两个方案的增量现金流量的评价指标，如果满足评判准则的要求，那么投资较大的方案优于投资较小的方案，投资额较小的方案被淘汰；如果不满足评判准则的要求，则投资较小的方案优于投资较大的方案，投资较大的方案被淘汰。以确定的较优方案为基础方案，重复计算步骤，直到所有方案都计算完毕。

（4）通过筛选的方案即为最优方案。

考点4　场（厂）址及线路方案研究

例1：项目选址考虑的因素主要有（ABCDEFG）。

A. 自然环境因素　　B. 交通运输因素
C. 市场因素　　D. 劳动力因素
E. 社会和政策因素　　F. 人文条件因素
G. 集聚效应因素

考点点评

1. 在这个考点中，集聚效应一定要理解。集聚效应能带来资源共享，节约建设投资，减少建设周期。

2. 自然环境因素包括自然条件因素和自然资源因素。在考试时，可能会给出一些环境因素，判断属于哪一类。

例 2：关于建设项目场（厂）址选择的说法，正确的有（ABCDEFGHIJKLM）。

A. 应充分利用荒地、劣地，不占基本农田或尽量少占基本农田
B. 有可供选择利用的工业固体废弃物存放场地、污水排放口及纳污水体或收纳处置污水的场所
C. 有丰富可靠（或靠近）的原料供应市场和产品销售市场，减少运输环节
D. 有充足的水源和电源
E. 有便利的外部交通运输条件和交通联结条件
F. 有利于生产协作和上下游加工一体化
G. 有可依托的基础设施和方便的生活服务设施
H. 有良好的工程地质、水文地质、气象、防洪、防涝、防潮、防台风、防地质灾害、防震等条件
I. 应符合城市（乡、镇）总体规划、土地利用总体规划、工业园区总体规划、环境保护规划的要求
J. 固体废弃物处置场址禁止选在自然保护区、风景名胜区
K. 危险废物贮存设施应选择在地质结构稳定，地震烈度不超过 7 度的区域内
L. 危险废物贮存设施应选择在易燃、易爆等危险品仓库、高压输电线路防护区域以外
M. 填埋场场址必须位于百年一遇的洪水标高线以上

考点点评

1. 选项 A ~ I 为场（厂）址方案选择的基本要求。

2. 需要注意两个问题：危险废物填埋场应避开的区域有哪些？场（厂）址方案选择宜避开的地区和地段有哪些？

例 3：投资项目场（厂）址比选的主要内容包括（ABCDE）。

A. 建设条件比较　　B. 投资费用比较
C. 运营费用比较　　D. 环境保护条件比较
E. 场（厂）址的安全条件比较　　F. 施工条件比较
G. 生活条件比较

考点点评

1. 选项 F、G 是可能会设置的干扰选项。建设条件包括地理位置、土地资源、地势、地质、土石方工程量、动力供应、资源及燃料供应、交通运输、生活设施及协作条件。可能会命题的形式是"投资项目场（厂）址比选的建设条件包括（　　）"。

考点点评

2. 环境保护条件包括场（厂）址位置与城镇规划、风向、公众利益的关系。可能会命题的形式是“投资项目场（厂）址比选的环境保护条件包括（　　）”。

考点5　总图运输方案研究与比选

例1：关于总图运输方案研究的说法，正确的有（ABCDEFGHIJKLMN）。

A. 总体布置应符合城镇总体规划、工业园区布局规划
B. 在符合生产流程、操作要求和使用功能的前提下，建筑物、构筑物等设施应联合多层布置
C. 厂区总平面按功能分区集中布置
D. 近期工程应集中、紧凑、合理布置，并与远期工程合理衔接
E. 预留发展用地内，不得修建永久性建筑物、构筑物等设施
F. 避免过多过早占用土地，避免多征少用、早征迟用
G. 总平面布置应结合当地气象条件，使建筑物具有良好的朝向、采光和自然通风条件
H. 总平面布置要与厂外铁路、道路衔接点、码头的位置相适应
I. 应合理确定厂区通道宽度
J. 竖向布置应满足生产工艺、场内外运输装卸、管道敷设对坡向、坡度、高程的要求
K. 选择相适应的竖向布置形式，避免深挖高填，力求减少土石方工程量
L. 竖向布置应保证场地排水通畅，不受潮水、内涝、洪水的威胁
M. 道路布置应尽量避免或减少与铁路的交叉，使主要人流、物流路线短捷，运输安全，工程量小
N. 厂区道路应尽可能与主要建筑物平行布置

考点点评

1. 本考点在考试时，一般会有两种考查方式：
（1）关于总图运输方案研究说法的综合表述题目。
（2）判断备选项中各项工作内容是属于厂区总平面布置工作还是厂区竖向布置工作。
2. 了解什么是厂区总平面布置和厂区竖向布置。

例2：根据《工业项目建设用地控制指标》，工业项目建设用地控制指标包括（ABCDEF）。

A. 投资强度　B. 容积率　C. 建筑系数
D. 行政办公及生活服务设施用地所占比重　E. 土地产出率　F. 土地税收

考点点评

1. 有关总图运输方案的技术经济指标，历年主要以计算题形式考查。可能会考查的题目有：
（1）某厂区设计方案中，厂区占地面积为 80000m²。其中：建筑物与构筑物总占地面积 30000m²，露天堆场占地面积 6000m²，道路和广场占地面积 24000m²，其他占地面积 20000m²。经计算，该项目的建筑系数是（C）。

A. 30%　B. 37.5%　C. 45%　D. 75%

【分析】直接套用公式，注意是建筑物、构筑物、堆场占地面积总和占总用地面积的比例，不包括道路和广场占地面积。该项目的建筑系数 = $(30000+6000)m^2/80000m^2 \times 100\% = 45\%$。此外，还可能会根据建筑系数求取建筑物的占地面积。

考点点评

(2) 某投资项目建设投资2亿元，总用地面积50000m^2，其中行政办公、生活服务设施用地面积3000m^2，占比是（B）。

A. 0.17%　　B. 6.00%　　C. 17.00%　　D. 60.00%

【分析】占比是行政办公、生活服务设施占用土地面积占总用地面积的比例。即$3000m^2/50000m^2 \times 100\% = 6\%$。

2. 总图运输方案的技术经济指标还可能以判断正确与错误说法的综合题目考查。相关的知识点如下：

(1) 所需行政办公及生活服务设施用地面积≤工业项目总用地面积的7%。

(2) 工业项目用地内部一般不得安排非安全生产必需的绿地，严禁建设脱离生产需要的花园式工厂。

(3) 计算容积率时，如果建筑物层高超过8m，该层建筑面积加倍计算。

考点6　工艺技术及设备方案研究与比选

例1：适用性原则是选择生产工艺技术应遵循的原则之一，主要体现在（GHIJKL）等方面。

A. 产品性能好
B. 产品使用寿命长
C. 单位产品物耗能耗低
D. 劳动生产率高
E. 自动化水平高
F. 平稳运行周期长
G. 与项目的生产规模相匹配
H. 与原材料路线、辅助材料和燃料相匹配
I. 与国内外供应的设备相匹配
J. 符合资源条件、环保要求、经济发展水平
K. 与员工素质和管理水平相适应
L. 与项目的建设规模相适应
M. 可以生产出合格的产品
N. 可以实现项目设定的目标
O. 消耗少、投资小、成本低、利润高

题号	拓展同类必刷题	答案
1	先进性原则是选择生产工艺技术应遵循的原则之一，主要体现在（　　）等方面。	ABCDEF
2	可靠性原则是选择生产工艺技术应遵循的原则之一，主要体现在（　　）等方面。	MN
3	经济合理性原则是选择生产工艺技术应遵循的原则之一，主要体现在（　　）。	O

考点点评

生产工艺技术选择考虑的主要因素：先进性、适用性、安全性、可靠性、经济合理性、符合清洁生产工艺要求。

例2：关于生产工艺技术方案比选的说法，正确的有（ABCDEFGHI）。

A. 在国内有工业化业绩，技术先进、可靠、成熟的条件下，采用国内成套技术建设
B. 工艺技术方案比选的内容包括技术特点、原料适应性、工艺流程、关键设备结构及性能

C. 对选定的工艺技术方案要说明工艺技术的名称、技术特征、选用的理由
D. 需要引进技术的，要说明引进技术国别和厂商
E. 工艺技术方案比选通常采用定性分析和定量分析相结合的方法进行
F. 可利用单位产品成本、单位产品投资、技术使用权费用等指标进行经济分析
G. 需要对比的技术指标有产品质量
H. 全厂性项目，要进行生产单元及规模、生产单元组成布置分析
I. 技术改造项目，要对现工艺流程和被选工艺流程进行比较说明

考点点评

1. 上述知识点在考试时常考题型是判断正确与错误说法的综合题目。工艺技术方案比选的内容除选项 B 内容外，还包括产品物耗和能耗、控制水平、操作弹性、操作稳定性、本质安全和环保、配套条件、建设费用和运营费用、效益。

2. 工艺技术方案来源分类应熟悉。

3. 注意区分进行工艺技术方案比选的技术分析指标和经济分析指标。

4. 此外，还要知道工艺技术的引进坚持的方针及道路。方针："引进—改造—发展"；道路："吸收、综合、创新"。

例 3：关于技术设备方案比选的说法，正确的有（ABCDEFGHIJK）。

A. 选用技术设备要进行设备软件和硬件在内的专有技术和专利技术比较
B. 对利用和改造原有设备的技术改造项目，应提出各种对原有设备改造方案，并分析各方案的效果
C. 选用技术设备要考虑工艺技术方案与建设规模的适应度
D. 已经市场化、国内有制造能力的设备，采用公开招标方式国内外采购，同等条件下国内优先
E. 国内尚无制造业绩的某些关键设备，可采用引进技术、合作制造方式采购
F. 尚无制造业绩的新设备，通过技术论证后批量制造使用
G. 国内有成熟制造经验且有应用业绩的设备由国内采购
H. 在考虑设备引进时，要研究工艺上使用的成熟可靠性
I. 在考虑设备引进时，要研究技术上的先进性和稳定性
J. 二手设备选用要慎重，需说明对二手设备的考查情况、引进理由
K. 设备选用应考虑管理与操作的适应性

考点点评

1. 选项 A 可能会设置的干扰选项：选用技术设备只需要进行设备硬件的比较。

2. 选项 D 可能会设置的干扰选项：已经市场化、国内有制造能力的设备，采用公开招标方式国内外采购，同等条件下国外优先。

3. 选项 E 可能会设置的干扰选项：国内尚无制造业绩的某些关键设备，采用全套方式引进。

考点 7　建设方案研究与比选的原则和指标体系

例：关于建设方案研究与比选的原则的说法，正确的有（ABCDEFGH）。

A. 考虑先进性原则
B. 考虑对当地资源的适用性
C. 考虑可靠性原则
D. 考虑是否会对操作人员造成人身伤害，有无保护措施

E. 考虑“三废”的产生和治理情况
F. 考虑经济性原则
G. 考虑社会、技术、环境、经济相结合原则
H. 考虑可比性原则

考点点评

1. 建设方案研究与比选需要遵循7个原则。选项D、E体现了安全性原则。

2. 建设方案比选指标体系包括技术、经济和社会（含环境）等层面的指标。公共产品类项目建设方案比选偏重社会层面；竞争类项目建设方案比选主要是技术和经济层面。

考点8　土建工程方案研究基本要求及研究内容

例：关于土建工程方案研究基本要求的说法，正确的有（ABCDEF）。
A. 应满足生产使用功能要求
B. 分期建设的项目，应留有适当的发展余地
C. 在已选定的场址（线路走向）的范围内，合理布置建筑物、构筑物
D. 应符合政府部门或者专门机构发布的技术标准规范要求，确保工程质量
E. 工程方案在满足使用功能、确保质量前提下，力求降低造价，节约建设资金
F. 技术改造项目的工程方案，应合理利用现有场地、设施，力求新增的设施与原有设施相协调

考点点评

1. 土建工程方案研究的基本要求一般考查判断正确与错误说法的综合题目。

2. 土建工程方案研究的内容可能有以下命题方式：

（1）一般工业项目的工程方案主要研究（　　）。

（2）水利水电项目的工程方案主要包括（　　）。

（3）水利水电枢纽和水库工程主要研究（　　）。

考点9　建设方案研究与比选的范围

例：项目整体方案的研究与比选范围包括（ABCDE）。
A. 建设规模与产品方案
B. 总体技术路线
C. 场址选择方案
D. 总体布局和主要运输方案
E. 环境保护方案
F. 各车间建设方案
G. 各生产装置建设方案
H. 道路、管线、码头等建设方案
I. 公用工程配套设施建设方案
J. 主要设备选择方案

题号	拓展同类必刷题	答案
1	分项工程的方案研究与比选范围一般包括（　　）。	FGH
2	各专业工程的方案研究与比选范围一般包括（　　）。	IJ

考点10　建设方案研究与比选的作用

例：建设方案研究与比选的作用包括（ABCDEFGH）。
A. 为投资估算、成本费用和财务效益、社会效益、融资方案研究、经济效益、环境效益等后续的分析工作提供了条件

B. 在市场和资源研究的基础上，研究确定产品方案以及建设规模
C. 经过比选以及优化推荐的建设方案，是下个阶段初步设计的依据
D. 建设方案构造中反复开展的技术、经济比较，在逐步完善建设方案的同时，也实现了项目的优化
E. 为编制建设用地预审报告、节能评估报告书、项目安全预评价报告、水资源论证报告等相关工作提供基础数据以及材料
F. 为编制项目申请报告、资金申请报告和金融机构贷款评估等工作提供基础数据
G. 为编制项目选址报告及场址的安全条件论证、地震安全性评价、职业病危害预评价等相关工作提供基础数据以及材料
H. 为建设资源节约型社会，发展循环经济，提供合理的节能、节水、节地、节材等技术数据

考点点评

建设方案研究与比选对项目的科学决策起着关键作用，要重点掌握。该考点是典型的多项选择题考点。

考点 11　原材料与燃料供应方案的研究与比选

例：关于原材料与燃料供应方案研究与比选的说法，正确的有（ABCDEFG）。
A. 应研究确定所需原材料的品种、质量、性能
B. 以各种物料的经常储备量、保险储备量、季节储备量和总储备量为生产物流方案研究的依据
C. 外购原料的项目，应对原料供应和价格进行预测，并分析各种供应方案
D. 由内部供应的项目，应计算说明有关生产单位之间的物料平衡
E. 对稀缺的原料应分析原料来源的风险和安全性
F. 对工艺有特殊要求的辅助材料和燃料，必须分析论证其品种、质量和性能是否满足工艺生产要求
G. 主要原材料和燃料的供应方案应通过多方案比较确定

考点点评

选项 E 中，原材料来源的安全性和风险包括原材料市场价格的变化、数量与质量的变化、运输供应的经济合理性以及运输安全便捷性分析。

四、本章真题实训

1.【2023 年真题】关于特殊项目场（厂）址方案选择要求的说法，正确的是（　　）。
A. 固体废弃物处置场址不应选在塌陷区
B. 固体废弃物处置场址应由行政主管部门指定
C. 危险废物贮存设施选址区域的地震烈度不应超过 7 度
D. 危险废物贮存设施的选址应位于居民中心区近 3 年最大风频的下风向

2.【2022 年真题】某项目计算期 8 年（其中第 1 年为建设期，第 2 年到第 8 年为运营期），项目各年的现金流量见下表，不考虑税金影响，则该项目包含建设期的静态投资回收期约为（　　）年。

年份	1	2	3	4	5	6	7	8
现金流入/万元	—	2.0	3.0	5.0	8.0	8.0	8.0	8.0
现金流出/万元	10.0	1.5	1.7	3.3	5.3	5.3	5.3	5.3

A. 5.21　　B. 5.41　　C. 6.21　　D. 6.41

3.【2022 年真题】某项目计算期 6 年，第 1 年为建设期，当年投资 1100 万元，第 2 年到第 6 年为项目运营期，其中第 2 年和第 3 年的净现金流量均为 300 万元，第 4 年到第 6 年的净现金流量均为 350 万元。若上述各项数据均按年末发生计，不考虑税金的影响，基准收益率取 8%，则该投资项目的净现值约为（　　）万元。

A. 211.38　　B. 192.86　　C. 178.57　　D. 111.38

4.【2022 年真题】某项目计算期 6 年，第 1 年投资 500 万元，第 2 年和第 3 年每年支出运营成本 150 万元，第 4 年到第 6 年每年支出运营成本 200 万元，第 6 年有 30 万元的资产余值回收，上述各项数据均按年末发生计。若基准收益率为 10%，则该项目的费用年值约为（　　）万元。

A. 240.62　　B. 244.51　　C. 254.24　　D. 264.68

5.【2022 年真题】某项目有 A、B、C、D、E5 个备选方案。其中，A 方案、B 方案是独立型关系；C 方案从属于 A 方案；D 方案和 E 方案是互斥型关系，且两方案均从属于 B 方案。这 5 个备选方案可以形成的互斥方案组合的个数是（　　）个。

A. 6　　B. 8　　C. 10　　D. 12

6.【2022 年真题】下表按投资额从小到大的顺序列出了需要比选的 5 个互斥方案组合，各方案组合的计算期均相同。若基准收益率为 12%，则被推荐的方案组合是（　　）。

方案组合	IRR	ΔIRR（行所对应的方案组合相对列所对应方案组合的增量指标）				
		A	B	C	D	E
A	22.5%	—	—	—	—	—
B	18.3%	13%	—	—	—	—
C	17.4%	13%	14%	—	—	—
D	16.1%	13%	13%	12%	—	—
E	14.4%	11%	11%	12%	11%	—

A. 方案组合 B　　B. 方案组合 C

C. 方案组合 D　　D. 方案组合 E

7.【2022 年真题】采用万加特纳整数规划法进行方案比选时，若方案 A、B、C 是互斥型关系，初始投资额方案 A 最大，C 最小，则三个方案的决策变量 x_A、x_B、x_C 的关系表达正确的是（　　）。

A. $x_A > x_B > x_C$　　B. $x_A = x_B = x_C$

C. $x_A + x_B + x_C = 1$　　D. $0 \leqslant x_A + x_B + x_C \leqslant 1$

8.【2021 年真题】某项目有 A、B、C、D、E、F 共 6 个备选方案，A 方案、B 方案间是互斥关系，C 方案和 D 方案间是互斥关系，且 C 方案和 D 方案都从属于 A 方案，E 方案从属于 C 方案，F 方案与 B 方案是互补关系。这 6 个备选方案可以形成互斥方案组合的数量是（　　）个。

A. 5　　B. 6　　C. 7　　D. 8

9.【2021 年真题】某投资方案寿命期 7 年，第 1 年为建设期，当年投资 1100 万元，第 2 年至第 7 年为运营期，第 2 年的净现金流量为 240 万元，第 3 年至第 7 年的净现金流量均为 300

万元。假定上述数据均按年末发生计，不考虑税金的影响，若基准收益率为 8%，则该投资方案的净现值为（　　）万元。

A. 132.69　　B. 198.31　　C. 214.17　　D. 231.31

10.【2021 年真题】某项目计算期 6 年，第 1 年投资 500 万元，第 2 年和第 3 年每年支出经营成本 150 万元，第 4 年至第 6 年每年支出经营成本 200 万元，第 6 年回收 30 万元的资产余值，上述各项数据均按年末发生计。若基准收益率为 10%，则该项目的费用现值为（　　）万元。

A. 953　　B. 1048　　C. 1107　　D. 1152

11.【2020 年真题】两个互斥方案的计算期和效益均相同，方案 1 投资为 12000 万元，年经营成本为 8000 万元，方案 2 投资为 6000 万元，年经营成本为 5000 万元。若基准投资收益率为 20%，基准投资回收期为 3 年，则下列结论中，正确的是（　　）。

A. 基于增量投资回收期和增量投资收益率均可判定方案 1 优于方案 2

B. 基于增量投资回收期和增量投资收益率均可判定方案 2 优于方案 1

C. 基于增量投资收益率可判定方案 1 优于方案 2，基于增量投资回收期的结论相反

D. 基于增量投资回收期可判定方案 1 优于方案 2，基于增量投资收益率的结论相反

12.【2020 年真题】某项目总投资 1700 万元（其中，项目资本金 700 万元，贷款 1000 万元），运营期内的平均年利润总额为 260 万元，运营期内每年支付贷款利息 12 万元，所得税税率 25%，以上投资均含税，则该项目的资本金净利润率为（　　）。

A. 26.57%　　B. 27.86%　　C. 37.14%　　D. 38.86%

13.【2019 年真题】某项目计算期 5 年，第 1 年年初投资 600 万元，第 1 年和第 2 年每年年末支出运营成本 120 万元，第 3 年到第 5 年每年年末支出运营成本 140 万元，若基准收益率为 10%，则该项目的费用年值为（　　）万元。

A. 262.84　　B. 266.19　　C. 289.12　　D. 318.03

14.【2018 年真题】某厂区设计方案中，厂房、办公楼占地面积 $6000m^2$，露天堆场占地面积 $2000m^2$，原材料和燃料堆场占地面积 $1000m^2$，厂区道路占地面积 $800m^2$，其他占地面积 $1500m^2$，则该厂区的建筑系数是（　　）。

A. 53.10%　　B. 70.80%　　C. 79.65%　　D. 85.71%

15.【2018 年真题】某常规投资项目，当折现率为 8% 时，财务净现值为 320 万元；当折现率为 10% 时，财务净现值为 −160 万元。已知该行业财务基准收益率 i_c 为 12%，关于该项目内部收益率 IRR 的说法，正确的是（　　）。

A. 可推断 IRR > i_c，说明项目可行

B. 可推断 IRR < i_c，说明项目不可行

C. 无法推断 IRR 大小，是否可行需要进一步判断

D. IRR 的大小自主决定

16.【2018 年真题】某企业享有资金 1.8 亿元，有 6 个独立且可行的项目供选择，其投资额分别为 2500 万元、3000 万元、3200 万元、4000 万元、4500 万元、4800 万元。为最大限度利用现有资金，进行方案选择时最适宜的方法是（　　）。

A. 投资回收期比较法　　B. 内部收益率排序法

C. 互斥方案组合法　　D. 费用/效益比较法

17.【2018 年真题】有甲、乙、丙 3 个独立项目，寿命期相同，初始投资额、年净收益、净现值见下表，已知行业财务基准收益率为 10%，投资人的资金限制为 1000 万元，用净现值法选择的项目是（　　）。

项目	甲	乙	丙
初始投资额/万元	300	400	500
年净收益/万元	50	70	100
净现值/万元	30.58	40.87	60.45

A. 甲和乙　　B. 乙和丙　　C. 甲和丙　　D. 甲、乙和丙

18.【2017 年真题】甲、乙两个方案为互斥方案，且两个方案计算期相同。甲方案投资 100 万元，年经营成本为 120 万元；乙方案投资 120 万元，年经营成本为 110 万元。两个方案同时投入使用，效益相同。若基准投资收益率为 5%，用增量投资收益率法选择较优的方案，则（　　）。

A. 应选择甲方案　　B. 应选择乙方案

C. 甲、乙方案均可选择　　D. 不能确定可选择的方案

19.【2022 年真题】关于下图中规模效果曲线的说法，正确的有（　　）。

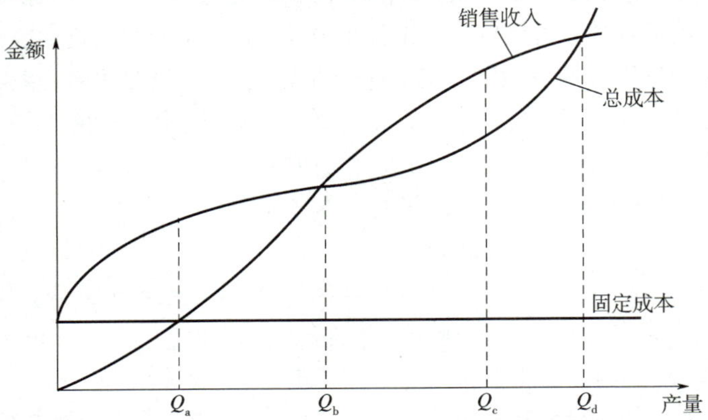

A. Q_b是最佳建设规模点　　B. Q_b的确定难度比 Q_d小

C. Q_a和 Q_d是盈亏平衡点　　D. Q_c的边际收入等于边际成本

E. Q_b到 Q_d的区域是规模经济区

20.【2022 年真题】关于投资方案经济比选指标的说法，正确的有（　　）。

A. 资本金净利润率是用于投资方案融资前分析的静态指标

B. 内部收益率指标是投资方案占用的尚未回收资金的获利能力

C. 净现值可以全面反映投资方案计算期内的经济效益

D. 总投资收益率是从融资前的角度评价投资方案盈利性的静态指标

E. 投资回收期可直接用于互斥方案组合的比选

21.【2021 年真题】关于场（厂）址方案选择基本要求的说法，正确的有（　　）。

A. 优先考虑从零开始建设的基础设施和生活服务设施的建设场地

B. 有良好的工程地质、水文地质、气象、防洪防涝等条件

C. 拥有（或靠近）丰富可靠的原料供应市场和产品销售市场

D. 重视节约用地和合理用地，优先利用包括农用地在内的闲置土地

E. 有可供选择利用的工业固体废弃物存放场地，有建设单位指定的危险废弃物处置场所

22.【2020 年真题】现有 A、B、C、D、E、F、G 共 7 个投资方案，其中，方案 A、方案 B、方案 C 之间是互斥关系，方案 D 从属于方案 B，方案 E 和方案 D 是互补关系，方案 F 和方案 G 之间是独立关系，且方案 F 和方案 G 均从属于方案 C。根据万加特纳整数规划法，下面列出的对应各方案的决策变量 X_A、X_B、X_C、X_D、X_E、X_F、X_G之间关系的表达式，正确的有（　　）。

A. $X_A + X_B + X_C = 1$

B. $X_B \geqslant X_D$

C. $X_D = X_E$

D. $X_C \geqslant X_F$

E. $X_F + X_G > 1$

五、本章真题实训答案及解析

1. C。选项 A 错误，固体废弃物处置场根据物体性质分为Ⅰ类场和Ⅱ类场。Ⅰ类场地应优先选用废弃的采矿坑、塌陷区。选项 B 错误，应经具有审批权的环境保护行政主管部门批准。选项 D 错误，应位于居民中心区常年最大风频的下风向。

2. D。静态投资回收期计算见下表。

年份	1	2	3	4	5	6	7	8
现金流入/万元	—	2.0	3.0	5.0	8.0	8.0	8.0	8.0
现金流出/万元	10.0	1.5	1.7	3.3	5.3	5.3	5.3	5.3
净现金流量	-10.0	0.5	1.3	1.7	2.7	2.7	2.7	2.7
累计净现金流量	-10.0	-9.5	-8.2	-6.5	-3.8	-1.1	1.6	4.3

$P_t = (7 - 1 + |-1.1|/2.7)$年$=6.41$年。

3. B。净现值计算如下：

NPV = $-1100(P/F, 8\%, 1) + 300[(P/F, 8\%, 2) + (P/F, 8\%, 3)] + 350[(P/F, 8\%, 4) + (P/F, 8\%, 5) + (P/F, 8\%, 6)] = -1100$ 万元 $\times 0.9259 + 300$ 万元 $\times (0.8573 + 0.7938) + 350$ 万元 $\times (0.7350 + 0.6806 + 0.6302) = 192.86$ 万元。

4. A。费用年值计算如下：

费用现值 PC $= 500(P/F, 10\%, 1) + 150[(P/F, 10\%, 2) + (P/F, 10\%, 3)] + 200[(P/F, 10\%, 4) + (P/F, 10\%, 5) + (P/F, 10\%, 6)] - 30(P/F, 10\%, 6) = 500$ 万元 $\times 0.9091 + 150$ 万元 $\times (0.8264 + 0.7513) + 200$ 万元 $\times (0.6830 + 0.6209 + 0.5645) - 30$ 万元 $\times 0.5645 = 1047.95$ 万元。

费用年值 AC $= \mathrm{PC}(A/P, i_c, n) = 1047.95 \times 0.2296 = 240.62$ 万元。

5. D。本题考查的是互斥方案组合。以上方案组合见下表。

A	B	C	D	E	互斥方案组合
0	0	0	0	0	0
1	0	0	0	0	A
1	0	1	0	0	AC
0	1	0	0	0	B
0	1	0	1	0	BD
0	1	0	0	1	BE
1	1	0	0	0	AB
1	1	1	0	0	ABC
1	1	0	1	0	ABD
1	1	0	0	1	ABE
1	1	1	1	0	ABCD
1	1	1	0	1	ABCE

共有 12 个互斥方案组合。

6. C。首先，单一方案均可行。$\Delta IRR_{B,A}=13\%$，＞基准收益率 12%，方案 B 优于方案 A，方案 A 淘汰；$\Delta IRR_{C,B}=14\%$，＞基准收益率 12%，方案 C 优于方案 B；$\Delta IRR_{D,C}=12\%$，≥基准收益率 12%，方案 D 优于方案 C；$\Delta IRR_{E,D}=11\%$，＜基准收益率 12%，方案 D 优于方案 E；基准收益率 12% 的情况下，方案 D 最优。

7. D。互斥型关系：$\sum_{j=1}^{m} x_j \leqslant 1$，对于所有互斥方案中可能接受其中的一个方案，也可能一个都不接受。如果将“所有方案都不接受”也考虑为互斥方案之一，则方案总数从 m 个变成 $m+1$ 个，则：$\sum_{j=1}^{m+1} x_j = 1$。

8. B。6 个备选方案可以形成互斥方案组合为：无、A、BF、AC、AD、ACE。

9. C。项目的净现值 = −1100 万元/1.08 + 240 万元/1.08^2 + 300/1.08^3 + 300 万元/1.08^4 + 300 万元/1.08^5 + 300 万元/1.08^6 + 300 万元/1.08^7 = 214.17 万元。

10. B。费用现值指标的计算不考虑方案的收益，但需考虑方案的投资和经营成本支出，还需考虑方案资产的余值回收。费用现值 = 500 万元/(1 + 10%) + 150 万元/$(1+10\%)^2$ + 150 万元/$(1+10\%)^3$ + 200 万元/$(1+10\%)^4$ + 200 万元/$(1+10\%)^5$ + (200 − 30)万元/$(1+10\%)^6$ = 1048 万元。

11. C。增量投资回收期 = (12000 − 6000)/(5000 − 8000) = −2 年 < 基准投资回收期3 年，投资额较大的方案 1 较优。增量投资收益率 = (5000 − 8000)万元/(12000 − 6000)万元 × 100% = −50% < 20%，投资额较小的方案 2 较优。

12. B。资本金净利润率 = 年净利润/资本金投资 = 260 万元 × (1 − 25%) × 100%/700 万元 = 27.86%。

13. C。求费用年值，首先应求费用现值。

$$\text{费用现值} = 600\text{万元} + \frac{120\text{万元}}{1+10\%} + \frac{120\text{万元}}{(1+10\%)^2} + \frac{140\text{万元}}{(1+10\%)^3} + 140\text{万元} \times \frac{(1+10\%)^3-1}{10\% \times (1+10\%)^3} \times \frac{1}{(1+10\%)^2}$$

$$= 1096.00\text{万元}$$

$$\text{费用年值} = P\frac{i(1+i)^n}{(1+i)^n-1} = 1096.00\text{万元} \times \frac{10\% \times (1+10\%)^5}{(1+10\%)^5-1} = 289.12\text{万元}$$

14. C。建筑系数 = (建筑物占地面积 + 构筑物占地面积 + 堆场用地面积)/项目总用地面积 × 100% = (6000 + 2000 + 1000)m^2/(6000 + 2000 + 1000 + 800 + 1500)m^2 × 100% = 79.65%。

15. B。内部收益率在 8% ~ 10%，小于行业基准收益率 12%，项目不可行。

16. C。方案的相对经济效果分析的主要方法有万加特纳整数规划法和互斥方案组合法。

17. B。甲、乙、丙 3 个项目都选择时，超出资金限制。因此，选择净现值最大的两个项目的组合，即乙和丙。

18. B。当两个对比方案同时投入时，增量投资收益率 ΔR_{2-1} = (120 − 110)万元/(120 − 100)万元 × 100% = 50% > 5%。根据增量投资收益率法，当增量投资收益率大于基准投资收益率时，投资额越大方案越优。故投资额大的乙方案为较优方案。

19. DE。根据规模效果曲线示意图，本题中 Q_b 和 Q_d 是盈亏平衡点，Q_b 到 Q_d 的区域是规模经济区，在该区域内，Q_c 的边际收入等于边际成本，Q_b 的确定具有不确定性，故选项 A、B、C 错误，选项 D、E 正确。

20. BD。选项 A 错误，是从融资后的角度评价方案资本金投资盈利能力的静态指标。选项 C 错误，全面考虑了项目在整个计算期内的经济状况。选项 E 错误，评价指标直接对比法所选用的指标只能是价值型指标，选用其他类型的指标可能会导致错误的结论。增量投资回收期可用于互斥方案组合的比选。

21. BC。选项 A 错误，应选择有良好的社会经济环境，可依托的基础设施和方便的生活服务设施。选项 D 错误，不占基本农田或尽量少占基本农田。选项 E 错误，应有省市规定的危险废弃物处置场所。

22. BCD。因为方案 A、B、C 是互斥关系，所以 $X_A + X_B + X_C \leq 1$。因为方案 D 从属于方案 B，所以 $X_B \geq X_D$。因为方案 D 和方案 E 互补，所以 $X_D = X_E$。因为方案 F 从属于方案 C，所以 $X_C \geq X_F$。方案 F 和方案 G 是独立关系，方案间没有相互约束，也没有限定方案组合的总投资限额。

六、本章同步练习

（一）单项选择题（每题 1 分。每题的备选项中，只有 1 个最符合题意）

1. 建设方案研究与比选的目的之一是（　　）。

A. 寻求项目综合效益最大化　　B. 寻求项目的建设规模最大

C. 寻求选用的工艺技术最先进　　D. 寻求采用的生产设备价格最低

2. 下列技术经济指标中，不能体现建设方案先进性的指标是（　　）。

A. 项目占地面积　　B. 方案要求的技术复杂程度

C. 劳动生产率　　D. 产品质量

3. 关于项目建设方案研究中建设规模的说法，正确的是（　　）。

A. 建设规模由国家产业政策决定

B. 建设规模应根据市场容量确定，建设规模越大越好

C. 合理的建设规模可以使项目获得最佳的经济效益

D. 市场确定后，建设规模的决定因素是资金筹集额

4. 下列技术、设备比选方案中，应优先考虑（　　）的方案。

A. 技术可靠，需要引进国外设备

B. 技术先进，国内有设备制造业绩

C. 技术先进，设备正在进行工业化试验

D. 技术成熟，设备可在国内外市场采购

5. 关于生产工艺技术选择应考虑的主要因素的说法，正确的是（　　）。

A. 先进性要求项目应采用国际领先的工艺技术

B. 生产工艺技术经济合理性体现在消耗少、投资少、利润高等方面

C. 清洁生产意味着项目应做到杜绝污染物排放

D. 项目运行过程的安全是生产工艺技术可靠性的体现

6. 某建设项目总占地面积为 100000m^2，建有 4 座建筑面积均为 6000m^2的单层库房，其中两座层高为 6m，另外两座层高分别为 9m 和 10m，还有一个占地面积为 5000m^2的露天堆场。该项目的容积率是（　　）。

A. 0.36　　B. 0.30　　C. 0.29　　D. 0.24

7. 某项目的净现金流量见下表，该项目静态投资回收期为（　　）年。

年份	1	2	3	4	5	6
净现金流量/万元	-100	-200	100	250	200	200

A. 3.2　　B. 3.4　　C. 3.8　　D. 4.8

8. 投资项目场（厂）址比选的主要内容包括建设条件、投资费用、运营费用、环境保护条件和（　　）。

A. 安全条件　　B. 招标条件　　C. 施工条件　　D. 生活条件

9. 某项目总投资为 2600 万元，其中项目资本金投资为 1200 万元，负债为 1400 万元，预计达

产以后正常年份的年平均息税前利润为370万元，年应付利息为50万元，如果企业所得税税率为25%，则该项目的资本金净利润率为（　　）。

A. 26.25%　　B. 26.67%　　C. 6.67%　　D. 20.00%

10. 在地质灾害易发区内进行工程建设，应当在项目决策分析与评价阶段进行地质灾害危险性评估，并将评估结果作为（　　）的组成部分。

A. 初步可行性研究报告　　B. 环境影响评价报告

C. 土地预审报告　　D. 可行性研究报告

11. 建设项目整体方案的比选内容一般不包括（　　）。

A. 环境保护方案　　B. 公用工程配套设施

C. 建设规模与产品方案　　D. 场（厂）址选择方案

12. 某项目厂区占地面积为60000m^2，其中构筑物占地面积3600m^2，道路和广场占地面积22800m^2，建筑物占地面积12000m^2，其他占地面积18000m^2，露天堆场面积3600m^2，经计算，该项目的建筑系数为（　　）。

A. 32%　　B. 70%　　C. 26%　　D. 20%

13. 下列关于总图运输方案的说法，错误的是（　　）。

A. 总体布置工作应建立在厂区总平面布置的基础上，经方案比较后择优确定

B. 厂区总平面应结合当地气象条件，使建筑物具有良好的朝向、采光和自然通风条件

C. 绿化系数是总平面布置方案技术经济指标之一

D. 总图运输方案比选的内容包括拆迁方案比选

14. 下列关于土建工程方案的说法，错误的是（　　）。

A. 土建工程方案在满足使用功能、确保质量前提下，力求降低造价，节约建设资金

B. 土建工程方案要适应已选定的场址

C. 土建工程方案是确定建设规模的基础

D. 分期建设的项目，应留有适当的发展余地

15. 某投资项目的净现金流量见下表，若基准收益率大于零，则该项目的净现值可能的范围是（　　）。

计算期/年	0	1	2	3	4	5
净现金流量/万元	—	-300	-200	200	600	600

A. 等于1400万元　　B. 大于900万元，小于1400万元

C. 等于900万元　　D. 小于900万元

16. 有5个项目分别是A_1、A_2、B_1、B_2、C，其中A_1、A_2是独立关系，B_1、B_2是互斥关系，B_1、B_2均从属于A_2，C从属于B_1，则可以构成（　　）种互斥方案的组合。

A. 8　　B. 10　　C. 6　　D. 4

17. 下列关于投资方案经济评价指标的说法，正确的是（　　）。

A. 静态投资回收期指标是以净利润抵偿全部投资所需要的时间

B. 总投资收益率是从融资后的角度评价方案总投资盈利性

C. 项目的净现值小于零，意味着项目出现了亏损

D. 内部收益率的实质是使投资方案在计算期内各年净现金流量的现值累计等于零时的折现率

18. 某工程有甲、乙、丙、丁4个实施方案可供选择。4个方案的投资额依次是60万元、80万元、100万元和120万元。年经营成本依次是16万元、13万元、10万元和6万元，各方案应用环境相同。设基准投资回收期为10年，则采用折算费用法选择的最优方案为（　　）。

A. 甲　　B. 乙　　C. 丙　　D. 丁

19. 某企业现有计算期相同的 A、B 两个项目可以投资，每个项目各有两个备选方案，每个方案的投资额和净现值见下表。若基准收益率为 10%，企业的资金限额为 500 万元，则应选择的项目组合是（　　）。

项目	方案	投资额/万元	净现值/万元
A	A_1	320	60
	A_2	360	75
B	B_1	140	25
	B_2	180	35

A. A_1和 B_1　　B. A_1和 B_2
C. A_2和 B_1　　D. A_2和 B_2

（二）多项选择题（每题 2 分。每题的备选项中，有 2 个或 2 个以上符合题意，至少有 1 个错项。错选，本题不得分；少选，所选的每个选项得 0.5 分）

1. 投资项目建设方案研究的主要任务有（　　）。
A. 选择性能可靠的生产设备　　B. 选择最佳的资金筹措方案
C. 选择先进适用的工艺技术　　D. 选择适宜的投资使用计划
E. 选择合理的总图布置方案

2. 一般的工业项目建设方案研究的主要内容包括（　　）。
A. 市场营销方案　　B. 资金筹措方案
C. 建设规模和产品方案　　D. 工艺技术及设备方案
E. 节能、节水、节材方案

3. 决策分析与评价阶段的厂区道路方案设计的深度要满足（　　）的要求。
A. 工艺技术方案设计　　B. 土石方量计算
C. 投资估算　　D. 总平面布置
E. 绿化布置

4. 分项工程的方案研究和比选一般包括（　　）。
A. 环境保护方案　　B. 各生产装置建设方案
C. 总体布局和主要运输方案　　D. 各车间建设方案
E. 各专项工程建设方案

5. 确定建设规模的主要方法包括（　　）。
A. 经验法　　B. 生存技术法
C. 技术测定法　　D. 统计分析法
E. 规模效果曲线法

6. 产品方案选择考虑的主要因素包括（　　）。
A. 国家产业政策和技术政策　　B. 市场需求和专业化协作
C. 技术水平和运输装备存贮条件　　D. 市场容量与竞争力
E. 资源综合利用、循环经济和低碳经济要求

7. 下列关于投资项目建设方案比选的说法，正确的有（　　）。
A. 建设方案比选必须采用定量分析方法
B. 分项工程的比选范围包括场址选择方案
C. 建设方案比选的指标体系包括环境方面的指标
D. 公共产品类项目的比选侧重于社会层面和经济层面

E. 竞争类项目的比选侧重于技术层面和经济层面

8. 适用性原则是选择生产工艺技术应遵循的原则之一，主要体现在（　　）等方面。

A. 生产工艺技术选择应使工艺技术流程短、自动化程度高

B. 生产工艺技术选择应符合环境保护要求

C. 生产工艺技术选择应与原材料、燃料和辅助材料的供应相匹配

D. 生产工艺技术选择应与员工的素质和管理水平相适应

E. 生产工艺技术选择应与国内外供应的设备相匹配

9. 关于工业建设项目场（厂）址选择的说法，正确的有（　　）。

A. 场（厂）址应尽量选择荒地或劣地

B. 拟在工业园区建设的项目不需要进行场（厂）址比较

C. 地震断层和设防烈度高于6度的区域不得选为场（厂）址

D. 不得选择国家规定的风景区、森林或自然保护区作为场（厂）址

E. 场（厂）址上的工程建设和生产运营不应对公众利益造成损害

10. 下列总图运输方案研究的内容中，属于总平面布置内容的有（　　）。

A. 合理划分功能区

B. 合理确定运输方式

C. 合理确定道路标高

D. 合理组织场地排水

E. 合理布置建筑物、构筑物

11. 厂区竖向布置是总图运输方案研究的内容之一。厂区竖向布置方案研究应（　　）。

A. 尽量减少土石方量

B. 满足防火间距要求

C. 考虑管道敷设的要求

D. 满足场地雨水排放要求

E. 充分利用现有土地、建筑物等设施

12. 厂区道路方案设计的内容包括（　　）。

A. 场内外运输装卸要求

B. 道路形式

C. 路面结构的选择

D. 铁路、道路的标高

E. 路面宽度、纵坡及道路净空的确定

13. 建设方案的技术比选方法包括（　　）。

A. 简单评分法

B. 费用现值法

C. 加权评分法

D. 组合排序法

E. 劳动生产率比较法

14. 地震安全性评价报告内容包括（　　）。

A. 地震地质构造评价

B. 地震地质灾害评价

C. 地震活动环境评价

D. 可行性研究报告

E. 工程概况和地震安全性评价的技术要求

15. 某投资项目的现金流量见下表，若折现率为10%，则该项目（　　）。

年　份	1	2	3	4	5	6
现金流入/万元	0	200	300	500	800	800
现金流出/万元	1000	150	200	50	350	350

注：表中数据均为年末数，$(P/A, 10\%, 3)=2.4869$，$(P/F, 10\%, 3)=0.7513$。

A. 净现值为43.77万元

B. 静态投资回收期为4年

C. 净现值为48.15万元

D. 内部收益率大于10%

E. 净现值率大于零

七、本章同步练习答案

（一）单项选择题

1. A	2. B	3. C	4. B	5. B
6. A	7. C	8. A	9. D	10. D
11. B	12. A	13. A	14. C	15. D
16. B	17. D	18. D	19. C	

（二）多项选择题

1. ACE	2. CDE	3. BCD	4. BDE	5. ABE
6. ABCE	7. CE	8. BCDE	9. ADE	10. AE
11. ACD	12. BCE	13. AC	14. ABCE	15. CDE

第八章

社会评价

一、本章核心考点分布

社会评价

- 社会评价的目的（2017年、2021年）
- 社会评价的内容（2018年、2020年、2021年、2022年）
- 社会评价的特点（2018年、2022年）
- 利益相关者分析方法（2019年、2020年）
- 参与式方法（2017年、2019年、2020年、2022年）
- 项目不同阶段社会评价的工作重点（2018年、2019年、2021年、2022年）
- 不同行业项目社会评价的工作重点（2021年）
- 社会评价与社会稳定风险分析（评估）的关系（2017年、2018年、2022年）
- 社会稳定风险分析（2019年、2020年、2021年、2022年）
- 社会评价方法类型（2018年、2021年）

二、专家剖析考点

1. 社会评价在宏观层面和项目层面的目的是高频考点，社会评价的目的、特点、作用和步骤一般会考查 1 ~ 2 分。

2. 社会评价的主要内容是本章的重要命题点，务必要掌握。

3. 社会评价中利益相关者分析的具体内容也是容易出题的命题点。

4. 社会评价中的公众参与知识点也可能会作为命题点来考查。

5. 不同行业项目社会评价的重点可以采用对比记忆方法来复习。

6. 社会稳定风险分析与社会评价 3 方面的区别有可能会以综合题形式考查。

7. 社会评价的 4 个方法类型要注意区分。

8. 制订利益相关者参与机制的 3 个环节可能会以多项选择题形式考查；公众参与的 5 组形式应予以关注。

三、本章核心考点必刷题

考点 1　社会评价的目的

例：社会评价的目的在于（ABCDEFGHIJ）。

A. 满足人们的基本社会需求
B. 充分利用地方资源、人力、技术和知识，增强地方的参与程度
C. 实现经济和社会的稳定、持续和协调发展
D. 减少或避免项目建设和运行可能引发的社会问题
E. 促进不同地区之间的公平协调发展
F. 制订一个能够切实完成项目目标的机制和组织模式
G. 保证项目收益在项目所在地区不同利益相关者之间的公平分配
H. 预测潜在风险并分析减少不良社会后果和影响的对策措施
I. 为实现各种社会目标，提出项目设计方案改进建议
J. 运用参与式方法，鼓励项目所在地区民众有效参与项目建设和管理

题号	拓展同类必刷题	答案
1	在宏观层面上，项目社会评价的目的主要包括（　　）。	ABCDE
2	在项目层面上，项目社会评价的目的主要包括（　　）。	FGHIJ

考点点评

考试题型有两种：一种是具体判断宏观层面或项目层面上社会评价的目的；另一种是综合判断社会评价的目的，包括宏观层面和项目层面，易考查多项选择题。

考点2　社会评价的内容

例：社会分析应从社会发展的角度，研究项目的实施目标及影响，分析评价社会影响和风险。下列内容属于社会影响分析的有（ABCDEFGHI）。

A. 分析对居民收入及其分配的影响
B. 分析对居民生活水平和生活质量的影响
C. 分析对居民就业的影响
D. 分析对不同利益相关者的影响
E. 分析对弱势群体利益的影响
F. 分析对地区基础设施、社会服务容量和城市化进程的影响
G. 分析对地区文化、教育、卫生的影响
H. 分析对少数民族风俗习惯、宗教的影响
I. 分析对所在地区文化遗产的影响
J. 分析不同利益相关者的态度
K. 分析当地社会组织的态度
L. 分析当地社会环境条件、文化状况能否适应项目建设和发展需要
M. 分析移民安置问题
N. 分析民族矛盾、宗教问题
O. 分析弱势群体支持问题
P. 分析受损补偿问题
Q. 分析项目社会效果可持续性
R. 分析受益者对项目社会可持续的影响
S. 分析受损者对项目社会可持续的影响

题号	拓展同类必刷题	答案
1	社会评价中的互适性分析包括（　　）。	JKL

（续）

题号	拓展同类必刷题	答案
2	社会评价中的风险性分析包括（　　）。	MNOP
3	社会评价中的可持续性分析包括（　　）。	QRS

考点点评

1. 首先应了解社会评价的主要内容，包括社会调查、社会分析、社会管理方案制订3项。其中，社会分析的内容是历年考试的重点。

2. 社会评价的实施步骤是调查社会资料→识别社会因素→社会分析→制订社会管理方案→编写社会评价报告。

在此可能会考查社会管理方案的内容。可以这样命题："社会管理方案的内容包括（　　）"。

3. 社会分析的内容，可考查多项选择题，也有可能在判断正确与错误的选择题中出现。社会分析包括项目的社会影响分析、社会互适性分析、社会风险分析和社会可持续性分析等方面。

4. 关于这部分知识点，还有可能考查的题型是：题干中给出具体的分析内容，判断属于哪种类型的分析。例如：

项目社会评价中对"居民生活水平和生活质量的影响分析"属于（D）。

A. 社会风险分析　　B. 社会互适性分析

C. 社会可持续性分析　　D. 社会影响分析

5. 弱势群体分析包括贫困分析、性别分析、少数民族分析、非自愿移民分析。考试时除了会考查弱势群体分析包括的内容，还会考查不同群体分析的侧重点。

考点3　社会评价的特点

例：关于社会评价特点的说法，正确的有（ABCDEFGH）。

A. 投资项目的社会影响具有长期性

B. 社会评价通常要考虑国家或地区的中期和远期的发展要求和发展规划

C. 投资项目的社会影响具有宏观性

D. 社会评价的目标呈现多重性和复杂性

E. 社会评价需要采用多目标综合评价方法综合考察项目的社会可行性

F. 社会评价需要从国家、地方、社区层面进行分析

G. 社会评价难以使用统一的量纲、指标和标准来计算

H. 项目对当地文化的影响、对社会稳定的影响通常使用定性分析方法来评价

考点点评

1. 社会评价的特点在考试中常考题型是判断正确与错误的综合题目。

2. 选项B可能会设置干扰选项：社会评价只考察投资项目大约20年的经济效果。

3. 选项E可能会设置干扰选项：社会评价通常采用单一指标考察项目的社会可行性。

4. 选项F可能会设置干扰选项：社会评价需要从国际、国内和地方3个层次进行分析。

5. 此外，还需要了解投资项目社会评价所依据的社会发展目标，包括经济增长、国家安全、减少失业和贫困及环境保护目标。

考点4　利益相关者分析方法

例：对某项目进行利益相关者分析，其工作内容包括：①分析利益相关者的利益构成；②分析利益相关者的重要性和影响力；③识别利益相关者；④制订主要利益相关者参与方案。正确的工作步骤是（B）。

A. ③—②—①—④　　B. ③—①—②—④
C. ①—③—②—④　　D. ①—②—③—④

考点点评

1. 关于利益相关者分析的步骤，还可以这样命题：

(1) 给出其中的一项或者几项工作，判断紧接着的工作是什么。例如：对某项目进行利益相关者分析，在识别利益相关者、分析利益相关者的利益构成后紧接着应进行的工作是（　　）。

(2) 直接考查利益相关者分析具体工作步骤有哪些。

2. 最后还需要了解利益相关者的概念及分类。主要利益相关者和次要利益相关者的区别是：主要利益相关者是直接受益或受害的人；次要利益相关者是与项目相关的人员或机构，如银行机构、政府部门、非政府组织。

考点5　参与式方法

例： 公众参与往往直接影响工程项目的实施效果，其主要形式有（ABCDEFGHIJ）。

A. 自主性参与　B. 动员性参与　C. 组织化参与　D. 个体化参与
E. 目标性参与　F. 手段性参与　G. 支持性参与　H. 非理性参与
I. 制度化参与　J. 非制度化参与

题号	拓展同类必刷题	答案
1	在项目计划和实施过程中参与者主动、自发地进行的参与指的是（　　）。	A
2	在项目计划和实施过程中参与者在其他参与者动员或胁迫下进行的参与指的是（　　）。	B
3	下列公众参与形式中，最能反映参与者的参与意识和民主程度的是（　　）。	A
4	利益相关者以一定的组织形式进行的参与指的是（　　）。	C
5	以个人方式进行的参与指的是（　　）。	D
6	在项目计划和实施过程中，表现为广大群众服从整体利益的需要，主动地投入到项目计划和实施工作中的参与方式是（　　）。	E
7	利益相关者为了表示对项目的支持和拥护而进行的参与是（　　）。	G
8	利益相关者为了表示自己的不满而进行的参与是（　　）。	H

考点点评

1. 参与式方法包括参与式评价和参与式行动。在命题时还可能这样考查：
关于参与式评价和参与式行动的说法，正确的有（ABCDE）。
A. 参与式评价是指受到影响的利益相关者参与项目评价
B. 参与式评价侧重于应用参与式的工具来进行数据的收集、分析和评价
C. 参与式评价包括通过参与式方法来收集主要利益相关者的信息，特别是那些受项目消极影响的人的信息
D. 参与式评价应贯穿于项目全过程
E. 参与式行动更偏重于让项目的利益相关者在决策和项目实施上发挥作用
2. 制订利益相关者的参与机制要把握3个环节：信息交流、磋商、参与过程。
3. 项目社会评价过程中，参与式方法运用的主要形式包括6方面，一般会考查多项选择题。

考点6　项目不同阶段社会评价的工作重点

例： 项目建议书阶段开展社会评价的工作内容包括（ABCD）。

A. 大致了解项目所在地区社会环境的基本情况，识别主要影响因素
B. 分析判断负面的社会因素，粗略地预测可能出现的情况及对项目的影响程度
C. 判断项目社会可行性和可能面临的社会风险
D. 判断是否需要进行详细社会评价
E. 全面深入地分析项目的社会效益与影响，以及项目与社会的相互适应性
F. 从社会层面论证项目的可行性，编制社会管理方案
G. 结合项目建设的准备情况，对前期阶段完成的评价结论做进一步分析和修正
H. 对已经发生的影响和相关反应做出分析，并对未来的变化进行预测
I. 对实际发生的影响进行分析，了解掌握项目对当地社区、人口、主要利益相关者造成的实际影响及发展趋势

题号	拓展同类必刷题	答案
1	项目可行性研究阶段开展社会评价的任务包括（　　）。	EF
2	项目准备阶段社会评价的重点是（　　）。	G
3	项目实施阶段社会评价的重点是（　　）。	H
4	项目运营阶段社会评价的重点是（　　）。	I

考点点评

1. 社会评价适用于项目周期的各个阶段，应能区分不同阶段社会评价的工作重点，除了上述题型，还可能以判断正确与错误说法的题目考查。

2. 需要进行详细社会分析的项目的特征一般会考查多项选择题，通过下面题目学习：

需要进行详细社会分析的项目，其特征包括（ABCDEFG）。
A. 项目地区的居民无法从以往的发展项目中受益
B. 项目地区存在比较严重的社会、经济不公平等现象
C. 项目地区存在比较严重的社会问题
D. 项目地区面临大规模企业结构调整，可能会引发大规模的失业人口
E. 可以预见到项目会产生重大的负面影响
F. 项目活动会改变当地人口的行为方式和价值观念
G. 项目评价人员对项目影响群体和目标群体的需求缺乏足够的了解

考点7　不同行业项目社会评价的工作重点

例：不同行业、不同类型的项目，社会评价的内容及重点明显不同。城市交通项目社会评价应重点关注（ABCD）。
A. 项目实施可能为物流和人员往来提供便捷服务，能够刺激经济增长，扩大提供进入市场、获取社会服务的渠道，促进就业
B. 推动居住区的扩大、人口及居住环境的改善
C. 项目建设引起的征地拆迁社会风险
D. 可能导致处于弱势地位的贫困家庭处境更加困难所引起的社会风险问题
E. 对改善项目地区的环境卫生状况、提高目标人群生活质量的影响
F. 可能为居民创造的非农业就业机会，以及对土地被征用和搬迁的农村家庭就业的影响
G. 对城市企业因搬迁而带来的就业压力
H. 可能引起环境政策的严格执行和社会服务政策或公共产品价格政策的调整

I. 可能导致居民区内原有商业网络的破坏，使得那些以此为生的人群的生计出现困难

J. 可能发生土地征用、人口迁移或引起当地市场能源价格变化

K. 分析贫困和弱势群体参与项目活动的机会

L. 分析项目实施方案对相关群体的影响，研究提出减缓项目可能的不利影响和社会风险的对策建议

题号	拓展同类必刷题	答案
1	城市环境项目社会评价应重点关注（　　）。	EFGHI
2	能源项目社会评价应重点关注（　　）。	J
3	水利项目社会评价应重点关注（　　）。	KL

考点8　社会评价与社会稳定风险分析（评估）的关系

例：关于社会评价与社会稳定风险分析（评估）的说法，正确的有（ABCDEFGHIJK）。

A. 两者的理论基础和原则基本一致

B. 两者都需要采用参与式方式调查、收集信息

C. 两者都要运用利益相关者分析法、参与式方法，识别利益相关者及其社会风险因素

D. 两者的工作过程和内容基本相似

E. 两者均以社会调查、社会影响分析和社会风险分析为基础

F. 项目社会评价中的社会影响分析既要分析评价项目建设和运营对社会变动的正面影响，又要分析可能引起的负面影响

G. 项目社会稳定风险分析从项目实施可能对当地自然、经济、人文、社会发展的负面影响角度，列出社会稳定风险因素负面清单后进行社会影响分析评价

H. 社会评价进行社会风险分析时，与其他评价体系并列进行综合考察评价，政府和投资主管部门对项目管理功能无强制性要求

I. 社会稳定风险分析重点针对识别出的社会因素，运用风险分析的理论和方法，包括对风险因素发生概率、风险事件结果影响程度、风险等级等进行分析评判

J. 项目社会评价缺乏明确的制度性要求、政策性规定、规范性标准，评价内容较为宽泛，指标体系也不规范

K. 项目社会稳定风险分析制度基本完善，政策依据较为明确，相应指标体系基本完善

考点点评

1. 社会评价与社会稳定风险分析的关系在考试时一般会考查判断正确与错误说法的综合题目。

2. 3个相同（相似）：理论体系、分析方法、工作过程和内容；3方面差异：社会分析的角度、管理功能、报告编写。还可能会以这种题型考查：

关于社会评价和社会稳定风险分析二者关系的说法，正确的有（ACE）。

A. 理论体系相同　　B. 分析角度一致

C. 分析方法一致　　D. 社会管理功能一致

E. 工作过程和内容相似

考点9　社会稳定风险分析

例：社会稳定风险分析的主要内容包括（ABCDE）。

A. 风险调查　　B. 风险识别

C. 风险估计　　D. 风险防范与化解措施制订

E. 落实风险防范措施后的风险等级判断

题号	拓展同类必刷题	答案
1	社会稳定风险分析过程中，针对利益相关者不理解、不认同、不满意、不支持的方面，或者日后可能引发不稳定事件的情形，全面、全程查找并分析可能引发社会稳定风险各种风险因素的工作过程是（　　）。	B
2	社会稳定风险分析过程中，找出主要风险因素，剖析引发风险的直接和间接原因，采用定性与定量相结合的方法估计出主要风险因素的风险程度，预测和估计可能引发的风险事件及其发生概率的工作过程是（　　）。	C

考点点评

1. 社会稳定风险调查应围绕拟建项目建设实施的合法性、合理性、可行性、可控性等方面展开。对具体内容应熟悉，可能会考查具体内容。

2. 社会稳定风险分析的主体可能会考查单项选择题。项目所在地人民政府或其有关部门指定社会稳定风险评估主体，评估主体一般为具有评估经验和资信的工程咨询机构。

3. 社会稳定风险分析程序一般包括：制订工作方案；调查研究；分析研究；编制社会稳定风险分析报告（篇章）。

考点 10　社会评价方法类型

例：社会评价方法类型多种多样，按是否量化分为（AB）。

A. 定性分析方法　　B. 定量分析方法

C. 通用方法　　D. 专用方法

题号	拓展同类必刷题	答案
1	社会评价方法类型多种多样，按应用领域分为（　　）。	CD
2	主要采用文字描述，强调对事物发展变化过程的描述、分析和预测，重点关注事物发展变化的因果关系和逻辑关系的社会评价方法是（　　）。	A
3	通过一定的数学公式或模型，在调查分析得到的原始数据基础上，计算出结果并结合一定的标准所进行的分析评价方法是（　　）。	B
4	利益相关者分析方法、参与式方法属于社会评价的（　　）。	D

四、本章真题实训

1. 【2022 年真题】开展投资项目社会评价应着眼大局，整体把握，通常要考虑国家或地区的中期和远期发展规划及目标要求。这体现了社会评价（　　）的特点。

A. 宏观性和长期性　　B. 评价目标多重性和复杂性

C. 评价标准差异性　　D. 评价方法复杂性

2. 【2022 年真题】关于投资项目不同阶段社会评价重点的说法，正确的是（　　）。

A. 项目建议书阶段的社会评价重点是分析判断负面的社会因素

B. 项目可行性研究阶段的社会评价重点是分析项目缓解贫困效果

C. 项目实施阶段的社会评价重点是论证社会因素风险程度

D. 项目运营阶段的社会评价重点是分析利益相关者参与方式

3.【2022 年真题】关于采用参与式方法进行项目社会评价的说法，正确的是（　　）。

A. 参与式评价侧重收集有影响力的受益者的意见

B. 参与式评价应贯穿于项目全过程

C. 参与式行动侧重受损者参与，以根除项目负面社会影响

D. 参与式行动旨在最大限度提高项目实施方案的投资效益

4.【2021 年真题】关于项目社会评价目的的说法，正确的是（　　）。

A. 制订一个能够切实完成项目目标的建设模式

B. 评价项目建设和运营活动对社会发展目标所带来的贡献和影响

C. 保证项目建设对当地居民的生活不产生任何负面影响

D. 追究项目管理机构在社会影响方面的责任

5.【2021 年真题】下列项目社会分析内容中，属于互适性分析的是（　　）。

A. 项目引起当地文化教育水平的变化情况

B. 项目对所在地区基础设施的影响

C. 项目所在地的社会组织对项目的态度

D. 项目促进社会发展的经济效果

6.【2020 年真题】关于社会评价作用的说法，错误的是（　　）。

A. 有利于避免或减少项目的社会风险

B. 有利于项目建设符合社会发展目标

C. 有利于项目合理规避税收

D. 有利于项目所在地区利益协调一致

7.【2020 年真题】关于社会评价中利益相关者分析的说法，正确的是（　　）。

A. 利益相关者是指与项目有直接或间接利害关系的机构

B. 利益相关者分析适用于项目前期阶段的社会评价

C. 利益相关者分析是寻找各方利益共同点的过程

D. 社会管理方案中应制订利益相关者参与计划

8.【2020 年真题】根据《国家发展改革委重大固定资产投资项目社会稳定风险评估暂行办法》，关于社会稳定风险分析内容中风险调查的说法，正确的是（　　）。

A. 调查拟建项目的实施是否尽最大可能维护了政府的利益

B. 调查拟建项目的实施是否与本地区经济社会发展水平相适应

C. 调查拟建项目是否有效回避了群众的承受能力

D. 调查拟建项目的实施是否有效控制了舆论宣传

9.【2019 年真题】关于项目不同阶段社会评价的作用和重点的说法，正确的是（　　）。

A. 项目建议书阶段的社会评价主要着眼于分析判断负面的社会因素

B. 项目可行性研究阶段应对项目是否需要进行详细的社会评价做出判断

C. 项目实施阶段不需要进行社会评价

D. 项目运营阶段的社会评价主要分析负面社会影响的发展趋势

10.【2022 年真题】关于社会稳定风险评估的说法，正确的有（　　）。

A. 县级以上地方人民政府拟申请征收土地的，应当开展社会稳定风险评估

B. 社会稳定风险评估主体可由建设单位自主选择

C. 社会稳定风险评估工作应贯穿于项目周期的各个阶段

D. 应围绕拟建项目建设实施的合法性、合理性、可行性和可控性等开展风险调查

E. 评估结论为高风险但有可靠防控措施的，投资主管部门可以审批或核准通过

11.【2021 年真题】关于项目社会评价重点关注内容的说法，正确的有（　　）。

A. 城市交通项目重点关注贫困和弱势群体参与项目规划的机会

B. 城市环境项目重点关注环境问题对目标人群生活质量的影响

C. 能源项目重点关注能源结构变化对全社会资源配置的影响

D. 水利项目重点关注由于征地对当地农民带来的收益

E. 农村发展项目重点关注项目可能对农民造成的负面影响

12.【2021 年真题】社会评价中关注的弱势群体有（　　）。

A. 贫困人口　　B. 少数民族　　C. 非自愿移民　　D. 女性领导者

E. 老弱多病者

13.【2020 年真题】关于社会评价中社会可持续性分析的说法，正确的有（　　）。

A. 社会可持续性分析是针对项目计算期内的总体发展进行的分析

B. 社会可持续性分析包括社会效果可持续性分析和项目受益者可持续性分析

C. 社会可持续性分析应分析社会效果的可持续程度和可持续的必要条件

D. 社会可持续性分析应分析受益者支付能力的变化

E. 社会可持续性分析应分析利益相关者对项目建设运营的持续性影响

14.【2020 年真题】关于制订社会管理方案的说法，正确的有（　　）。

A. 社会管理方案是社会评价的重要成果

B. 社会管理方案应分析项目与所在地的互适性

C. 社会管理方案在负面影响减缓计划中应提出社会风险控制措施

D. 社会管理方案在社会监测评估计划中应提出突发事件应急预案

E. 社会管理方案在利益相关者参与计划中应制订抱怨与申诉机制

15.【2019 年真题】项目社会稳定风险分析的主要内容，除风险调查、风险识别外，还应包括（　　）。

A. 风险估计　　B. 风险评估依据筛选

C. 风险防范措施制订　　D. 落实风险防范措施后的风险等级判断

E. 风险应急预案实施过程审计方案

16.【2018 年真题】关于社会评价方法的说法，正确的有（　　）。

A. 定性分析强调对事件结果的描述和分析

B. 采用定性分析方法时应尽量引用直接或间接数据

C. 社会评价通常在定性分析和定量分析中选择使用一种方法

D. 逻辑框架法、利益相关者分析、参与式评价是社会评价的专用方法

E. 对比分析法可以用于社会评价

五、本章真题实训答案及解析

1. A。社会评价着眼大局，整体把握，权衡社会影响利弊，体现了评价的宏观性和长期性。

2. A。选项 B 错误，项目可行性研究（项目申请报告）阶段的社会评价详细社会分析的任务主要是全面深入地分析项目的社会效益与影响，以及项目与社会的相互适应性。选项 C 错误，重点是对已经发生的影响和相关反应做出分析，并对未来的变化进行预测。选项 D 错误，重点是对实际发生的影响进行分析，明晰项目对当地社区、人口、主要利益相关者造成的实际影响及发展趋势，判断受影响群体对项目的真实反应。

3. B。选项 A 错误，侧重于应用参与式的工具来进行数据的收集、分析和评价。选项 C 错误，参与式行动偏重于让项目的利益相关者在决策和项目实施上发挥作用。选项 D 错误，参与式行动是促进各个利益相关者在与项目之间的沟通和理解，减缓相互之间的矛盾和冲突，协调各方利益

关系，进一步促进受益群体的行动和改善项目建设，使受损群体的利益损失得到更加合理的补偿。

4. B。社会评价目的包括：①判断投资项目社会发展目标实现的可行性；②评价项目建设和运营活动对社会发展目标所做出的贡献和影响。

5. C。选项 A、B 属于社会影响分析内容。选项 D 不属于社会影响分析、互适性分析、风险分析和持续性分析中的内容。

6. C。社会评价的作用，主要体现在以下 3 个方面：①有利于经济发展目标与社会发展目标的协调一致，防止单纯追求项目经济效益，故选项 B 正确；②有利于项目所在地区利益协调一致，减少社会矛盾和纠纷，促进社会稳定，故选项 D 正确；③有利于避免或减少项目建设和运营的社会风险，提高投资效益，故选项 A 正确。

7. D。利益相关者是指与项目有直接或间接利害关系，并对项目成功与否有直接或间接影响的有关个人、群体或组织机构，故选项 A 错误。利益相关者分析贯穿社会评价全过程，故选项 B 错误。利益相关者分析是通过分析和判断与项目有直接和间接利益关系的群体在项目中受到的影响、对项目的反应以及对项目的影响力来评价不同的利益群体在项目建设过程中的地位与作用，并据此判断项目与受影响利益群体之间的相互关系和适应性，利益相关者对待项目的态度是否构成项目所面临的风险以及对项目社会可持续性有何影响，故选项 C 错误。

8. B。选项 A 正确的说法应是：是否符合社会公共利益、人民群众的现实利益和长远利益，是否维护了相关群众的合法权益等。分析拟建项目实施是否与本地区经济社会发展水平相适应，是否超越本地区财力，是否超越大多数群众的承受能力，是否能得到大多数群众的支持和认可等，故选项 B 正确，选项 C 错误。选项 D 的正确说法是：宣传解释和舆论引导措施是否充分。

9. A。项目可行性研究（项目申请报告）阶段社会评价的任务主要是全面深入、详细地分析项目的社会效益与影响，以及项目与社会的相互适应性，以增强项目的有利影响，减轻不利影响，规避社会风险，故选项 B 错误。项目实施阶段需要进行社会评价，重点是对已经发生的影响和相关反应做出分析，并对未来的变化进行预测，故选项 C 错误。项目运营阶段社会评价的重点是对实际发生的影响进行分析，掌握项目对当地社区、人口、主要利益相关者造成的实际影响及发展趋势，判断受影响群体对项目的真实反应，故选项 D 错误。

10. AD。选项 B 错误，项目所在地人民政府或其有关部门指定社会稳定风险评估主体。选项 C 错误，凡与人民群众切身利益密切相关、牵涉面广、影响深远、易引发矛盾纠纷或有可能影响社会稳定的重大事项（包括重大项目决策、重大改革、重大活动和重点工作领域等），在投资项目实施前，都要开展社会稳定风险分析（评估）。选项 E 错误，项目存在高风险或者中风险的，国家投资主管部门不予审批、核准和核报；存在低风险但有可靠防控措施的，可以审批、核准或者向上级主管部门报送审批、核准。

11. BE。选项 A 错误，应重点关注项目实施可能为物流和人员往来提供的便捷服务。选项 C 错误，应重点关注能源开发造成的潜在社会风险。选项 D 错误，应重点关注由于征地引起的负面影响。

12. ABC。在项目社会评价中，需要特殊关注的弱势群体有贫困人口、女性、少数民族和非自愿移民等。

13. CD。项目社会可持续性分析是对项目生命周期内社会效果的总体发展分析，故选项 A 错误。项目社会可持续性分析包括：①项目社会效果可持续性分析。主要分析项目社会效果的可持续程度，以及实现项目社会效果可持续的必要条件。故选项 C 正确。②项目受益者对项目社会可持续性的影响分析。应分析项目受益者支付能力的动态变化趋势及其对项目建设运营的持续性影响。故选项 D 正确，选项 B、E 错误。③项目受损者对项目社会可持续性的影响分析。

14. ACDE。社会管理方案的制订是在社会影响分析、社会互适性分析、社会风险分析和社会可持续性分析等的基础上，结合所研究项目的社会环境与条件进行编制，故选项 B 错误。

15. ACD。社会稳定风险分析的主要内容共5项，包括风险调查、风险识别、风险估计、风险防范与化解措施制订、落实风险防范措施后的风险等级判断。

16. BE。选项A错误，定性分析强调对事物发展变化过程的描述、分析和预测，重点关注事物发展变化的因果关系和逻辑关系。选项C错误，定性分析方法和定量分析方法通常相辅相成、共同使用。选项D错误，社会评价的专用方法是相对的，包括利益相关者分析方法、参与式方法等；逻辑框架法既是重要的社会评价方法，同时又可以用于项目规划研究、项目后评价。

六、本章同步练习

（一）单项选择题（每题1分。每题的备选项中，只有1个最符合题意）

1. 关于项目社会评价的说法，正确的是（　　）。

A. 社会评价适用于项目周期的各个阶段

B. 需要审批的项目，项目审批后必须完成社会评价

C. 社会评价侧重从项目的负面影响角度分析社会影响

D. 社会评价侧重对已经发生的影响做出分析，并对未来变化进行预测

2. 投资项目社会评价的目的可体现在宏观层面和项目层面，下列属于项目层面的是（　　）。

A. 满足人们的基本社会需求

B. 保证不同地区之间的公平协调发展

C. 实现经济和社会的和谐发展

D. 防止或尽量减少对地区社会环境造成负面影响

3. 下列投资项目，不需要进行社会评价的是（　　）。

A. 外部影响较大的项目　　B. 社会因素比较复杂的项目

C. 产出价格违背真实价值的项目　　D. 具有明确社会发展目标的项目

4. 社会评价的研究内容包括项目的社会影响分析、社会互适性分析、社会风险分析和社会可持续性分析4个方面。下列社会因素中，属于社会影响分析所关注的社会因素是（　　）。

A. 移民安置　　B. 受损补偿

C. 城市化进程　　D. 弱势群体态度

5. 某水电站投资项目要识别社会分析中的利益相关者，可以分为主要利益相关者和次要利益相关者。下列利益相关者中，属于次要利益相关者的是（　　）。

A. 项目出资人A（占70%股份）　　B. 项目出资人B（占30%股份）

C. 提供贷款的银行　　D. 需要搬迁的居民

6. 项目社会评价中分析“不同利益相关者的态度”属于（　　）。

A. 社会影响分析　　B. 社会互适性分析

C. 社会风险分析　　D. 社会可持续性分析

7. 项目社会评价的步骤不包括（　　）。

A. 论证比选方案　　B. 识别社会因素

C. 社会资料调查　　D. 制订社会管理方案

（二）多项选择题（每题2分。每题的备选项中，有2个或2个以上符合题意，至少有1个错项。错选，本题不得分；少选，所选的每个选项得0.5分）

1. 投资项目社会评价所依据的社会发展目标包括（　　）。

A. 减少失业和贫困目标　　B. 经济增长目标

C. 利润增长目标　　D. 国家安全目标

E. 人口控制目标

2. 水利项目社会评价应重点关注的内容包括（　　）。

A. 由于征地占地所引起的负面影响

B. 可能对农民造成的负面影响

C. 因水利项目所造成的潜在社会风险

D. 贫困和弱势群体参与项目活动的机会

E. 对土地被征用和搬迁的农村家庭及其他受项目影响的人群就业的影响

3. 社会评价中，进行利益相关者分析时需要开展的工作有（　　）。

A. 识别利益相关者

B. 分析利益相关者的利益构成

C. 分析利益相关者的重要性

D. 制订主要利益相关者参与方案

E. 对受损群体给予安置和补偿

4. 需要在初步社会评价基础上进行详细社会评价的项目，其主要特征有（　　）。

A. 项目符合当地的社会发展目标

B. 可以预见到项目会产生重大的负面影响

C. 当地对项目具有较高的接受程度

D. 项目地区存在比较严重的社会、经济不够公平等现象

E. 项目地区面临大规模企业结构调整，有可能引发大规模的失业人口

5. 开展投资项目社会评价，进行项目与所在地区的互适性分析时，要考虑的社会因素包括（　　）。

A. 当地社会组织的态度

B. 对居民收入的影响

C. 移民安置的问题

D. 当地社会环境支持条件

E. 不同利益相关者的态度

6. 社会评价与社会稳定风险分析的差异有（　　）。

A. 分析方法的差异

B. 社会分析角度的差异

C. 报告编写的差异

D. 管理功能的差异

E. 理论体系的差异

七、本章同步练习答案

（一）单项选择题

1. A	2. D	3. C	4. C	5. C
6. B	7. A			

（二）多项选择题

1. ABDE	2. AD	3. ABCD	4. BDE	5. ADE	6. BCD

第九章

不确定性分析与风险分析

一、本章核心考点分布

- 不确定性分析与风险分析
  - 敏感性分析（2018年、2019年、2020年、2021年、2022年）
  - 盈亏平衡分析（2018年、2019年、2020年、2021年、2022年）
  - 风险估计（2019年、2020年、2021年、2022年）
  - 投资项目主要风险对策（2018年、2019年、2020年、2021年、2022年）
  - 风险识别（2018年、2019年、2020年、2021年、2022年）
  - 不同风险决策准则下的项目决策（2019年、2020年、2021年）
  - 风险评价（2021年）
  - 不确定性与风险（2019年）

二、专家剖析考点

1. 风险的性质及分类一般考查记忆性题目。

2. 不确定性与风险的区别应熟记。

3. 敏感性分析与盈亏平衡分析考试题目难度为中等，一考再考，考生在熟练掌握公式后可以轻松应对考试。

4. 盈亏平衡点的计算一直深受命题者的青睐，要重点关注。

5. 风险分析的考试难度较大，期望值、离散系数的计算及概率树分析是重点内容。复习备考时以理解为主。

6. 工程项目中所发生的具体风险事件应归类于投资项目的哪一类风险是命题的一种形式。

7. 风险识别、风险估计、风险评价、风险对策会出1～2分的选择题，常用的4种风险对策是比较热门的考点，可采用对比记忆方法。

三、本章核心考点必刷题

考点1　敏感性分析

例：关于建设项目敏感性分析的说法，正确的有（ABCDEFGHIJKLMNO）。

A. 单因素敏感性分析是每次只改变一个因素的数值进行分析，并估算单个因素的变化对项目效益产生的影响

B. 多因素敏感性分析是同时对两个或两个以上因素变化进行分析，并估算多因素同时发生变化的影响

C. 进行敏感性分析要选定不确定因素并确定其偏离基本情况的程度

D. 应予进行敏感性分析的因素包括建设投资、产出物价格、主要投入物价格或可变成本、运营负荷、建设期以及外汇汇率

E. 敏感度系数是项目分析指标变化的百分率与不确定因素变化的百分率之比

F. 财务分析中必选的分析指标是项目投资财务内部收益率，经济分析中必选的分析指标是经济净现值或经济内部收益率

G. 敏感性分析方法对项目财务分析和经济分析同样适用

H. 敏感度系数高，表示项目分析指标对该不确定因素敏感程度高

I. 临界点是不确定因素的变化使项目由可行变为不可行的临界数值

J. 在一定的基准收益率下，临界点越低，说明该因素对项目效益指标影响越大，项目对该因素就越敏感

K. 敏感性分析不能得知不确定因素对项目分析指标的影响发生的可能性有多大

L. 利用临界点判别敏感因素的方法是一种绝对测定法

M. 在其他条件一定的情况下，临界点的高低与设定的基准收益率有关

N. 对于同一个投资项目，随着设定基准收益率的提高，临界点表示的不确定因素的极限变化变小

O. 可以通过敏感性分析图求得临界点的近似值

考点点评

1. 针对选项 D，还可能这样命题：下列因素中，可以作为敏感性分析因素的有（　　）。

2. 敏感性分析的步骤：选取分析指标→选取不确定因素→确定不确定因素变化程度→计算敏感性分析指标→敏感性分析结果表述→对敏感性分析结果进行分析。可能会考查排序题。

3. 关于临界点还有可能这样考查：

某建设项目的敏感性分析选定财务内部收益率为分析指标，销售价格和可变成本为不确定因素，分析结果如下图所示。如果项目的基准收益率为 10%，则根据该图，可变成本的临界点大约为（A）。

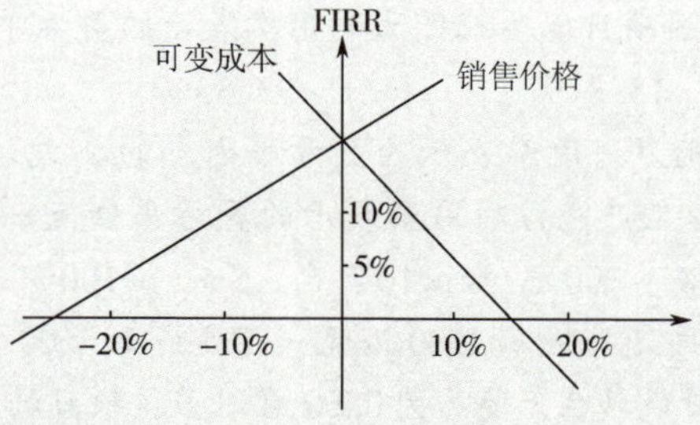

A. 5%　　B. 10%　　C. 15%　　D. 20%

【分析】内部收益率随可变成本变化曲线与基准收益率线相交的交点就是可变成本变化的临界点，用该点对应的不确定因素的变化率表示，用该变化率换算的不确定因素的变化数值就成为临界值，可以估算出可变成本的临界点小于 10%。

4. 关于这部分内容，还可能会考查的是敏感度系数的计算。可能这样命题：

某建设项目的单因素敏感性分析中，基本方案对应的销售量为 0.8 万台/年，财务内部收

考点点评

益率为25%，当产品的销售量减少10%时，该项目的财务内部收益率降低到22%，则此时的敏感度系数为（C）。

A. 0.30　　B. 0.83　　C. 1.20　　D. 1.36

【分析】该建设项目的敏感度系数为：$E=(\Delta A/A)/(\Delta F/F)=[(22\%-25\%)/25\%]/(-10\%)=1.20$。

考点2　盈亏平衡分析

例：关于建设项目盈亏平衡分析的说法，正确的有（ABCDEFG）。

A. 盈亏平衡点可以用产量、产品售价、单位可变成本和年总固定成本表示

B. 用产量和生产能力利用率表示的盈亏平衡点越低，表明企业适应市场需求变化的能力越大，抗风险能力越强

C. 用产品售价表示的盈亏平衡点越低，表明企业适应市场价格下降的能力越大，抗风险能力越强

D. 盈亏平衡分析只适宜在财务分析中应用

E. 盈亏平衡点可以采用图解法求得

F. 盈亏平衡点应按项目达产年份的数据计算，不能按计算期内的平均值计算

G. 当计算期内各年数值不同时，盈亏平衡点最好选择还款期间的第一个达产年和还完借款以后的年份分别计算

考点点评

1. 针对选项B，还可能以“用产量和生产能力利用率表示的盈亏平衡点越低，表明（　　）”的形式命题。

2. 针对选项D，可能会设置的干扰选项：盈亏平衡分析既适宜在财务分析中应用也适宜在经济分析中应用。

3. 针对选项F，可能会设置的干扰选项：盈亏平衡点应按项目计算期内的平均数据计算。

4. 盈亏平衡点的计算是考试常考内容。常考题型有：

（1）某项目年设计生产能力为10万台，年固定成本（不含增值税）为150万元，单位产品售价（不含增值税）为100元，单位产品变动成本（不含进项税）为55元，单位产品销售税金及附加为5元，则该项目以生产能力利用率表示的盈亏平衡点为（A）。

A. 37.50%　　B. 15.87%　　C. 33.33%　　D. 30.00%

【分析】直接根据生产能力利用率表示的盈亏平衡点的公式计算。注意公式中收入和成本均为不含税价格。该项目以生产能力利用率表示的盈亏平衡点＝150万元/(100元/台×10万台－100元/台×10万台×55%－100元/台×10万台×5%)×100%＝37.50%。

（2）某项目达产后每年固定总成本4000万元，可变成本3500万元，营业收入与成本费用均采用不含税价格表示，项目设计生产能力为3500台。若该项目的产品销售价格为5万元/台，营业税金及附加为400元/台，则该项目年利润总额达到1500万元的最低年销售量为（B）台。

A. 1010　　B. 1389　　C. 1512　　D. 1815

【分析】注意公式中收入和成本均为不含税价格。单位可变成本＝3500万元/3500台＝1万元/台，若最低销售量为Q，要使总利润达到1500万元，则1500万元＝5万元/台×Q－4000万元－Q－0.04万元×Q，解得：$Q\approx1389$台。

考点3 风险估计

例1：关于风险估计的说法，正确的有（ABCDEFG）。

A. 在项目评价中，风险概率估计中较常用的分布形式有正态分布、三角形分布、贝塔分布

B. 客观概率估计不适用于大部分现实事件

C. 当有效统计数据不足或是不可能进行试验时，主观概率是唯一选择

D. 概率树分析一般只适用于服从离散分布的输入与输出变量

E. 蒙特卡洛模拟法可以用于对连续随机变量的分析

F. 应用蒙特卡洛模拟法时，需假设输入变量之间是相互独立的

G. 蒙特卡洛模拟风险分析方法，对一个具体项目，在确定输入变量分解程度时，往往与输入变量之间的相关性有关

考点点评

1. 首先要了解风险分析的程序是：识别→估计→评价→对策。可能会考查排序的题目。
2. 针对选项D，可能设置干扰选项：概率树分析方法不适于输入变量存在相互关联的情况。
3. 客观概率估计、主观概率估计、概率树分析、蒙特卡洛模拟法的适用情况要求熟练掌握。

例2：描述风险概率分布的指标主要有（ABCD）。

A. 期望值　　B. 方差　　C. 标准差

D. 离散系数　　E. 中位数　　F. 平均数

题号	拓展同类必刷题	答案
1	描述随机变量偏离期望值程度的绝对指标有（　　）。	BC
2	用于描述随机变量偏离期望值程度的相对指标是（　　）。	D

考点点评

1. 选项E、F是可能会出现的干扰选项。

2. 期望值、标准差与离散系数的计算在考试中也会考查。可以这样命题：

（1）某项目产品价格可能出现3种状态值，即80元/m³、100元/m³、130元/m³，经专家估计，各种状态的可能性为40%、40%、20%，则产品价格的期望值为（C）元/m³。

A. 52　　B. 78　　C. 98　　D. 108

【分析】期望值是风险变量的加权平均值。则该项目产品价格的期望值 = 80元/m³ × 40% + 100元/m³ × 40% + 130元/m³ × 20% = 98元/m³。考试时常考查离散型风险变量的期望值；对于等概率的离散随机变量的期望值一般不考。

（2）某项目产品价格符合正态分析，专家调查的期望值为80，方差为8，则其标准差和离散系数分别为（B）。

A. 10，0.035　　B. 2.83，0.035　　C. 10，0.11　　D. 2.83，0.1

【分析】标准差 $S=\sqrt{8}=2.83$。离散系数 $\beta=\frac{S}{x}=2.83/80=0.035$。

考点4 投资项目主要风险对策

例：已知有风险，但由于可能获利而需要冒险承担这种风险的情况属于风险对策中的（D）。

A. 风险回避　　B. 风险减轻　　C. 风险转移　　D. 风险接受

题号	拓展同类必刷题	答案
1	在可行性研究过程中，通过信息反馈彻底改变原方案的做法属于风险对策中的（　　）。	A
2	彻底规避风险的一种做法是（　　）。	A
3	某种风险可能造成相当大的损失，且发生的频率较高，应用其他的风险对策防范风险代价昂贵，这时应采取的风险对策是（　　）。	A
4	通过降低技术方案复杂性的方式降低风险事件发生的概率属于风险对策中的（　　）。	B
5	通过增加那些可能出现的风险的技术方案的安全冗余度以降低日后一旦风险发生可能带来的负面效果，属于风险对策中的（　　）。	B
6	某银行为了减少自己的风险，只贷给投资项目所需资金的一部分，让其他银行和投资者共担风险，属于风险对策中的（　　）。	B
7	将已做完前期工作的项目转给他人投资属于风险对策中的（　　）。	C
8	在可行性研究中可以提出在技术合同谈判中注意加上保证性条款属于（　　）对策。	C
9	在设备采购和施工合同中采用总价合同形式属于（　　）对策。	C
10	建立应急储备，安排一定的时间、资金或资源来应对风险属于风险对策中的（　　）。	D

考点点评

本考点有3种考查题型：

（1）上述例题形式，题干中给出具体对策，判断属于哪种方式。

（2）备选项中给出具体对策，判断属于哪种方式。比如：“下列风险应对策略中，属于风险转移对策的有（　　）”。

（3）表述型题目。比如：“关于项目决策分析与评价中项目风险对策的说法，正确的有（　　）”。

考点5　风险识别

例：投资项目可行性研究阶段涉及的风险因素较多，各行业和项目又不尽相同。风险识别要根据行业和项目的特点，采用适当的方法进行。下列方法属于风险识别方法的有（ABCDEFHIJK）。

A. 解析法　　B. 风险结构分解法　　C. 头脑风暴法
D. 德尔菲法　　E. 风险识别调查表法　　F. 风险对照检查表法
G. 风险评价表法　　H. 故障树法　　I. 事件树法
J. 问卷调查法　　K. 情景分析法

题号	拓展同类必刷题	答案
1	常用于将一个复杂系统分解为若干子系统进行分析，通过对子系统的分析进而把握整个系统的特征，这种识别方法称为（　　）。	A
2	下列风险分析方法中，属于专家调查法的有（　　）。	CDEF
3	下列风险分析方法中，是一种规范化的定性风险分析工具，具有系统、全面、简单、快捷、高效等优点的方法是（　　）。	F

考点点评

1. 风险识别的目的可能会考查多项选择题，包括3项：①进行风险分类；②寻找风险事件；③明确风险征兆。

2. 选项G属于风险估计的主要方法。

3. 一般投资项目风险可以从内部（包括技术风险、组织管理风险、进度延误风险等）和外部（包括市场风险、政策风险、环境与社会风险）两个方面进行识别。

考点6　不同风险决策准则下的项目决策

例： 采用何种风险决策准则，取决于决策者的风险偏好。可以采取的风险决策准则包括（ABCDE）。

A. 最大盈利决策　　B. 期望值决策

C. 最小损失决策　　D. 满意度决策

E. 最小方差决策

考点点评

1. 不同风险决策准则下的项目决策：

（1）最大盈利决策：大于目标值，项目可行。

（2）期望值决策：大于目标值，项目可行；小于目标值，项目不可行。

（3）最小损失决策：小于目标值，项目可行；大于目标值，项目不可行。

（4）满意度决策：选择最优方案花费过高或在没有得到其他方案有关资料前就必须决策时采用。

（5）最小方差决策：是避免最大损失而不是追求最大收益的准则。

2. 本考点可能会考查对不同的决策者如何进行决策的题目，比如：

某一项目投资2500万元，按照常规的项目财务分析，得到了项目净现值NPV的最可能情况是4500万元，由于存在市场风险、政策风险和技术风险，采用蒙特卡洛模拟法进行项目风险分析，NPV的期望值为2000万元，NPV的分布如下图所示。对于不同的决策者，下列说法正确的有（ABC）。

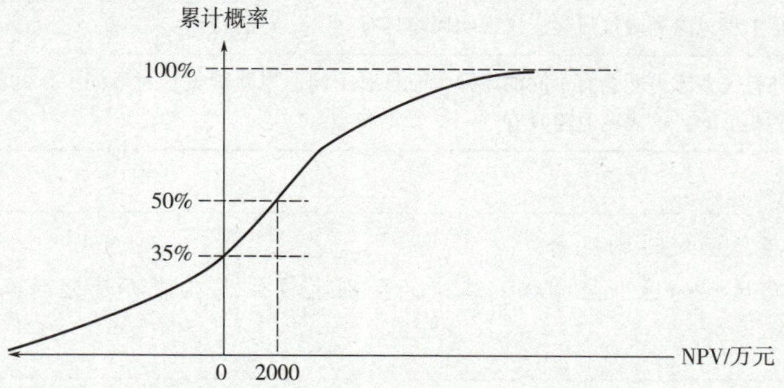

A. 对于风险热爱型的投资者，项目可行

B. 对于风险中性的投资者，项目可行

C. 对于风险厌恶型的投资者，项目不可行

D. 条件不足，无法判断

【分析】 项目净现值NPV的最可能情况是4500万元>0，对于风险热爱型的投资者，项目可行。NPV的期望值为2000万元>0，对于风险中性的投资者，项目可行。由上图可知，存在35%的可能性NPV<0，对于风险厌恶型的投资者，项目不可行。

考点7　风险评价

例： 风险评价是在项目风险识别和风险估计的基础上，对风险程度进行划分，揭示影响项目成败的关键风险因素，并采取防范对策。风险评价的工作内容包括（ABC）。

A. 确定风险评价基准　　B. 确定项目的风险水平

C. 确定项目风险等级　　D. 确定项目存在的风险因素

E. 对项目风险分类　　F. 确定项目风险发生的间接表现
G. 确定项目风险的直接表现　　H. 分析项目风险发生的条件

考点点评

1. 注意风险评价工作内容与风险识别工作内容的区别。选项 D、E、F、G、H 属于风险识别的工作内容。

2. 风险评价包括单因素风险评价和整体风险评价。单因素风险评价的方法主要有风险概率矩阵、专家评价法。

考点8　不确定性与风险

例1：风险具有的特征有（ABCDE）。

A. 客观性　B. 可变性　C. 阶段性　D. 多样性　E. 相对性

题号	拓展同类必刷题	答案
1	无论是自然现象中的地震、洪水，还是现实社会中的矛盾、冲突等，不可能根除，只能采取措施降低其对工程项目的不利影响，这表明风险具有（　　）的特点。	A
2	风险可能发生，造成损失甚至重大损失，也可能不发生。风险是否发生，风险事件的后果如何都是难以确定的，这表明风险具有（　　）的特点。	B
3	建设项目投资决策阶段的风险主要包括政策风险、融资风险，项目实施阶段的主要风险可能是工程风险和建设风险，这表明风险具有（　　）的特点。	C
4	高新技术行业投资项目的主要风险可能是技术风险和市场风险，而基础设施行业投资项目的主要风险可能是工程风险和政策风险，这表明风险具有（　　）的特点。	D
5	对于项目的有关各方可能会有不同的风险，而且对于同一风险因素，对不同主体的影响是不同的甚至是截然相反的，这表明风险具有（　　）的特点。	E

考点点评

1. 了解风险与不确定性的概念。

2. 不确定性与风险的区别应掌握。二者的区别主要体现在能否量化的两个要素——概率和影响。

例2：投资项目可能有各种各样的风险，从不同的角度出发可以进行不同的分类。按照风险的性质分，可分为（AB）。

A. 纯风险　B. 投机风险　C. 自然风险　D. 人为风险
E. 技术风险　F. 非技术风险　G. 内部风险　H. 外部风险

题号	拓展同类必刷题	答案
1	投资项目可能有各种各样的风险，从不同的角度出发可以进行不同的分类。按照风险来源分，可分为（　　）。	CD
2	投资项目可能有各种各样的风险，从不同的角度出发可以进行不同的分类。按照技术因素分，可分为（　　）。	EF
3	投资项目可能有各种各样的风险，从不同的角度出发可以进行不同的分类。按照风险的边界分，可分为（　　）。	GH
4	只会造成损失，不能带来利益的风险属于（　　）。	A

（续）

题号	拓展同类必刷题	答案
5	可能带来损失，也可能产生利益的风险属于（　　）。	B
6	投资项目可能有各种各样的风险，其中生产风险、管理风险属于（　　）。	G

考点点评

需要注意的是有些风险分类会有交叉。比如社会风险、经济风险属于人为风险也属于非技术风险；政策风险属于人为风险也属于外部风险；管理风险属于非技术风险也属于内部风险。

四、本章真题实训

1. 【2022 年真题】测算某项目内部收益率（IRR）为 10%，现选择四个影响因素进行单因素敏感性分析，当产品价格上涨 10% 时，IRR = 11.5%；当原材料价格上涨 10% 时，IRR = 9.5%；当建设投资上涨 10% 时，IRR = 9%；当生产负荷下降 10% 时，IRR = 8.9%。则仅据此推断，该项目 IRR 最敏感的因素是（　　）。

A. 建设投资　　B. 原材料价格

C. 产品价格　　D. 生产负荷

2. 【2022 年真题】某项目设计生产能力为 100 万 t，预计产品售价为 800 元/t，总固定成本为 8000 万元，单位产品税金及附加为 100 元/t，单位产品可变成本为 300 元/t，以上价格和成本均不含税，则该项目以产品售价表示的盈亏平衡点为（　　）元/t。

A. 380　　B. 400　　C. 480　　D. 800

3. 【2022 年真题】在进行某项目决策分析时，邀请 3 位专家对项目产品的年销售量及其可能的概率进行预测，预测结果见下表，则专家估计销售量的期望值为（　　）t/年。

专家	销售量/（t/年）		
	1800	2000	2200
	概率（%）		
1	30	30	40
2	40	40	20
3	20	40	40

A. 1960　　B. 2007　　C. 2020　　D. 2100

4. 【2021 年真题】选取两个不确定因素 Y_1 和 Y_2 分别对同一项目进行单因素敏感度分析，分析指标为财务内部收益率 FIRR（财务基准收益率为 10%）。Y_1 的敏感度系数为 1.1，Y_2 的敏感度系数为 -1.20。不考虑其他因素，下列判断正确的是（　　）。

A. FIRR 对 Y_1 比 Y_2 更敏感　　B. FIRR 对 Y_2 比 Y_1 更敏感

C. 当 Y_2 上涨 10% 时，FIRR 变为 -12%　　D. 当 Y_1 上涨 10% 时，FIRR 变为 11%

5. 【2021 年真题】某投资项目设计生产能力为每年 30 万 t，达产第一年销售价格为 400 元/t，单位产品税金及附加忽略不计，总固定成本为 3000 万元，单位产品可变成本为 240 元（销售收入和成本费用均不含税），则该项目达产第一年的盈亏平衡点生产能力利用率为（　　）。

A. 40.00%　　B. 60.00%　　C. 62.50%　　D. 80.00%

6. 【2021 年真题】投资者拟从甲、乙、丙、丁 4 个项目中选择 1 个进行投资，投资额均相同，其财务净现值 FNPV 的期望值和累计概率分析结果见下表，则风险厌恶型投资者应选择的项目是（　　）。

项目	甲	乙	丙	丁
FNPV 的期望值/元	2400	2600	2650	2800
FNPV≥0 的累计概率（%）	70	65	60	55

A. 甲　　B. 乙　　C. 丙　　D. 丁

7.【2020 年真题】对某项目进行单因素敏感性分析时，选取了两个不确定因素 Y_1 和 Y_2，分析指标为财务内部收益率 FIRR，财务基准收益率为 8%，计算得出相应的敏感度系数 E_1 为 1.05、E_2 为 −1.23。不考虑其他因素，则下列判断正确的是（　　）。

A. FIRR 与 E_2 同方向变化

B. 本项目 FIRR 对 Y_2 因素比对 Y_1 因素更敏感

C. 当财务基准收益率为 9% 时，E_1 会变大

D. 当 Y_1 上涨 10% 时，FIRR 变为 8.5%

8.【2020 年真题】某项目盈亏平衡分析如下图所示，下列结论中，正确的是（　　）。

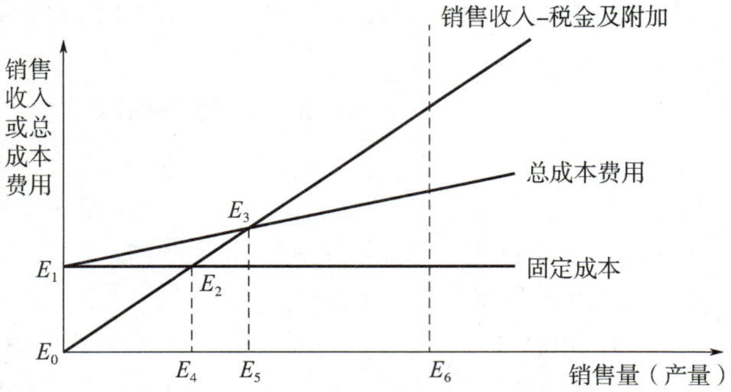

A. E_4 是项目产量的盈亏平衡点

B. E_5 越大，项目风险越大

C. E_4 是项目销售收入等于总成本费用时的年产量

D. E_6 是项目利润最高时的年产量

9.【2020 年真题】对某投资项目进行决策分析时，估计产品的市场价格为 1000 元/t。为了分析产品价格变化的风险，请 3 位专家对其价格可能出现的状态及相应的概率进行了预测，见下表:

概率（%）		市场价格		
		900 元/t	1000 元/t	1100 元/t
专家	1	20	50	30
	2	30	40	30
	3	40	40	20

则专家估计市场价格的期望值是（　　）元/t。

A. 900.00　　B. 996.67　　C. 1000.00　　D. 1100.00

10.【2018 年真题】某项目采用的基准折现率为 12%，其基本方案的财务内部收益率为 16.2%，现建设投资增加 10% 时，财务内部收益率为 13.9%，则建设投资增加 10% 的敏感度系数是（　　）。

A. −1.42　　B. −0.16　　C. 0.16　　D. 1.58

11.【2016 年真题】下表给出了某项目的 4 种风险状态。根据该表，下列关于该项目概率分析

的结论，正确的是（　　）。

状态	发生的可能性	财务净现值/万元	加权财务净现值/万元
1	0.1	-500	-50
2	0.2	-300	-60
3	0.2	200	40
4	0.5	1000	500

A. 净现值的期望值为 430 万元，净现值≥0 的累计频率为 50%
B. 净现值的期望值为 490 万元，净现值≥0 的累计频率为 50%
C. 净现值的期望值为 430 万元，净现值≥0 的累计频率为 70%
D. 净现值的期望值为 490 万元，净现值≥0 的累计频率为 70%

12.【2022 年真题】某项目敏感性分析见下表，设定的基准收益率为 12%。根据该表可以得出的结论有（　　）。

序号	不确定因素	不确定因素变化率	财务内部收益率	敏感度系数
	基本方案		15.3%	
1	建设投资变化	10%	12.6%	-1.76
		-10%	18.4%	-2.03
2	销售价格变化	10%	19.6%	2.81
		-10%	10.6%	3.07
3	原材料价格变化	10%	13.8%	-0.98
		-10%	16.7%	-0.92

A. 销售价格变化比原材料价格变化对财务内部收益率的影响程度更大
B. 临界点通常不随着不确定因素变化率的改变而改变
C. 建设投资增加时，财务内部收益率随之提高
D. 财务内部收益率对原材料价格变化的敏感程度高于对建设投资变化的敏感程度
E. 销售价格提高 5% 时，估计财务内部收益率在 10% ~15%

13.【2022 年真题】对投资项目可能发生的某种风险采取风险回避的对策，一般适用的情形有（　　）。
A. 某种风险发生的概率极低，但可能造成相当大的损失
B. 某种风险可能造成相当大的损失且发生的概率较高
C. 应用其他的风险对策防范的代价昂贵，得不偿失
D. 面临某种风险时，项目不可放弃或缓建
E. 某种风险发生后的影响范围比较广，但损失可能较小

14.【2021 年真题】关于投资项目风险评价的说法，正确的有（　　）。
A. 风险评价应依据已确定的风险应对策略进行
B. 风险评价的成果可用于制订风险管理计划
C. 风险评价依据的评价基准应参照项目主体的变化
D. 项目风险的大小主要取决于风险影响项目目标的程度
E. 风险评价可以采用的方法包括专家评价法

15.【2020 年真题】对投资项目进行敏感性分析时，关于不确定因素变化的临界点与设定的基准收益率关系的说法，正确的有（　　）。
A. 临界点的高低与设定的基准收益率直接关联

B. 设定的基准收益率提高，不确定因素的临界点会降低

C. 设定的基准收益率提高，不确定因素的临界点会提高

D. 基准收益率不变的情况下，临界点越高，说明项目评价指标对不确定因素越敏感

E. 不确定性因素的变化超过临界点，会导致项目财务内部收益率指标低于基准收益率

16.【2020 年真题】下列投资项目的风险中，属于市场风险的有（　　）。

A. 银行利率提高导致项目融资困难进而停工

B. 出现了新的竞争对手对项目的销量产生重大影响

C. 主要原材料的价格上涨对项目效益产生影响

D. 消费者的消费习惯发生变化使项目产品的需求发生变化

E. 项目多个参与方的动机不一致导致项目合作的风险

17.【2019 年真题】下列投资项目的风险中，属于组织管理风险的有（　　）。

A. 项目管理模式选择不当导致投资增加

B. 银行利率提高导致项目融资成本的增加

C. 项目经理的道德水平导致的质量问题增加

D. 项目采用的技术不可靠导致的消耗量指标过高

E. 市场竞争格局发生重大变化导致销量大幅下降

18.【2018 年真题】某项目设计生产能力为 100 万 t。在达产年份，预计销售收入为 4500 万元，固定成本为 800 万元，可变成本为 2450 万元，均不含增值税，税金及附加为 50 万元，则下列说法正确的有（　　）。

A. 生产负荷达到设计能力的 40%，即可实现盈亏平衡

B. 项目达到设计生产能力时的年利润为 1250 万元

C. 年利润达到 800 万元时的产量是 80 万 t

D. 维持盈亏平衡时产品售价最低可降至 32.5 元/t

E. 项目单位产品的可变成本为 24.5 元/t

五、本章真题实训答案及解析

1. C。敏感性分析见下表。

分析指标	ΔA
产品价格	11.5% −10% =1.5%
原材料价格	9.5% −10% = −0.5%
建设投资	9% −10% = −1%
生产负荷	8.9% −10% = −1.1%

$E=(\Delta A/A)/(\Delta F/F)=\Delta A/10\%/10\%$。

$|E|$越大，即$|\Delta A|$越大，对应的不确定因素的敏感度越高。因此，该项目 IRR 最敏感的因素是产品价格。

2. C。BEP（产品售价）=（年总固定成本/设计生产能力）+单位产品可变成本+单位产品税金及附加

令 BEP（产品售价）$=x$ 元/t，列方程求解。$100x-8000-100\times300-100\times100=0$。解得：$x=480$ 元/t。

3. B。专家估计销售量的概率分布：

期望值 = 1800t/年 ×30% +2000t/年 ×36.67% +2200t/年 ×33.33% =(540 +733.3 +733.3)

t/年 = 2007t/年。

4. B。敏感度系数的绝对值越大，对应的不确定因素的敏感度越高。当 Y_2 上涨 10% 时，FIRR 变化幅度为 -12%。当 Y_1 上涨 10% 时，FIRR 变化幅度为 11%。

5. C。BEP(生产能力利用率) = 年总固定成本/(年销售收入 - 年总可变成本 - 年税金及附加) × 100% = 30000000 元/(400 元/t × 300000t - 240 元/t × 300000t) = 62.50%。

6. A。对于风险热爱型投资者，一般采取最大盈利决策准则；而对于风险中性者，一般选择期望值决策准则；对于风险厌恶型投资者，一般选择风险损失的概率低于某一限度（如 30%），或是采用最小损失决策准则。

7. B。$E_2<0$，表示 FIRR 与不确定因素 Y_2 反方向变化。故选项 A 错误。$|E_2|>|E_1|$，所以 FIRR 对 Y_2 因素比对 Y_1 因素更敏感，故选项 B 正确。财务基准收益率会影响临界点的高低，但和敏感度系数无关，故选项 C 错误。当 Y_1 上涨 10% 时，未给出当前 FIRR 值，无法计算，故选项 D 错误。

8. B。E_4 点上，销售收入 - 税金及附加等于固定成本，故选项 A、C 错误。E_5 点上销售收入 - 税金及附加等于总成本，是盈亏平衡点，E_5 越大，项目风险越大。E_6 点再增加销售量，利润会随之增加，故选项 D 错误。

9. B。市场价格的期望值 = 900 元/t × (20% + 30% + 40%)/3 + 1000 元/t × (50% + 40% + 40%)/3 + 1100 元/t × (30% + 30% + 20%)/3 = 996.67 元/t。

10. A。敏感度系数 = $(\Delta A/A)/(\Delta F/F)$ = (13.9% - 16.2%)/(16.2%/10%) = -1.42。

11. C。净现值期望值 = (-50 - 60 + 40 + 500) 万元 = 430 万元；净现值≥0 的累计频率 = (0.2 + 0.5) × 100% = 0.7 × 100% = 70%。

12. AB。选项 C 错误，敏感度系数为负，说明分析指标变化方向与不确定因素变化方向相反；故建设投资增加时，财务内部收益率随之降低。选项 D 错误，建设投资变化的敏感度系数 > 原材料价格变化的敏感度系数，故其敏感程度更高。选项 E 错误，销售价格提高 5% 时，估计财务内部收益率在 15.3% ~ 19.6%。

13. BC。风险回避一般适用于以下两种情况，其一是某种风险可能造成相当大的损失，且发生的频率较高；其二是应用其他的风险对策防范风险代价昂贵，得不偿失，故选项 A、E 错误，选项 B、C 正确。如风险分析显示产品市场方面存在严重风险，若采取回避风险的对策，就会做出缓建或放弃项目决策，故选项 D 错误。

14. DE。风险评价是在项目风险识别和风险估计的基础上，通过相应的指标体系和评价标准，对风险程度进行划分，以揭示影响项目成败的关键风险因素，以便针对关键风险因素，采取防范对策，故选项 A、B 错误。工程项目风险评价的依据主要有工程项目类型、风险管理计划、风险识别的成果、工程项目进展状况、数据的准确性和可靠性、概率和影响程度等，故选项 C 错误。

15. ABE。随着设定基准收益率的提高，临界点就会变低，故选项 C 错误。在一定的基准收益率下，临界点越低，说明该因素对项目效益指标影响越大，项目对该因素就越敏感，故选项 D 错误。

16. BCD。银行利率提高导致项目融资困难进而停工属于政策风险，故选项 A 错误。项目多个参与方的动机不一致导致项目合作的风险属于组织风险，故选项 E 错误。

17. AC。选项 B 属于政策风险，选项 D 属于技术风险，选项 E 属于市场风险。

18. ACE。收入为 4500 万元，设计生产能力为 100 万 t，单价为 4500 元/100t = 45 元/t。可变成本为 2450 万元，则可变单价为 24.5 元/t。选项 A，设计负荷 40%，产量为 40 万 t，利润为 (45 - 24.5 - 0.5)元/t × 40 万 t - 800 万元 = 0；选项 B，设计能力为 100 万 t，利润为(4500 - 800 - 2450 - 50)万元 = 1200 万元；选项 C，生产能力 80 万 t，利润为(45 - 24.5 - 0.5)元/t × 80 万 t - 800 万元 = 800 万元；选项 D，设单价为 Q，(Q - 24.5 - 0.5)元/t × 100 万 t - 800 万元 = 0，则 Q = 33 元/t；选项 E，2450 万元/100 万 t = 24.5 元/t。

六、本章同步练习

（一）单项选择题（每题 1 分。每题的备选项中，只有 1 个最符合题意）

1. 敏感性分析常用的财务分析指标包括（　　）。

A. 资产负债率　　B. 流动比率

C. 内部收益率　　D. 速动比率

2. 某项目基本方案的财务内部收益率为 15%，对应的原材料价格为 8000 元/t，若原材料价格为 9000 元/t，则该项目的财务内部收益率为 12%。该财务内部收益率指标对项目原材料价格的敏感度系数为（　　）。

A. 1.8　　B. −1.6　　C. −1.8　　D. −2.0

3. 采用敏感性分析方法进行项目不确定性分析的不足主要体现在（　　）。

A. 无法得到影响项目效益的最敏感因素

B. 无法得知敏感因素发生的可能性有多大

C. 无法同时针对两个敏感因素进行分析

D. 无法定量分析敏感性因素对项目效益的影响

4. 某项目设计年生产能力为 25 万件，估算年固定总成本为 500 万元，产品的销售价格（不含销项税）预计为 80 元/件，单位产品税金及附加为 0.4 元/件，单位产品可变成本（不含进项税）为 50 元/件。则该项目以生产能力利用率表示的盈亏平衡点应为（　　）。

A. 32.43%　　B. 34.21%　　C. 65.79%　　D. 67.57%

5. 风险分析程序包括：①风险对策；②风险估计；③风险评价；④风险识别等。这些步骤的先后顺序是（　　）。

A. ④−②−③−①　　B. ①−④−②−③

C. ④−③−②−①　　D. ④−②−①−③

6. 项目风险识别工作的结果是（　　）。

A. 模拟出风险发生的情境　　B. 明确风险发生后的损失大小

C. 确定各种风险发生的概率　　D. 建立项目的风险清单

7. 进行项目风险分析时，为了系统观察风险源对项目目标影响的逻辑过程，适宜采用的风险识别方法是（　　）。

A. 专家头脑风暴法　　B. 风险识别调查表

C. 基于影响图的风险解析法　　D. 情景分析法

8. 关于风险概率估计的说法，正确的是（　　）。

A. 主观概率估计只能用于完全可重复事件

B. 标准差是描述随机变量偏离期望值程度的相对指标

C. 离散系数是描述随机变量偏离期望值程度的绝对指标

D. 离散型概率分布适用于变量取值个数有限的输入变量

9. 关于蒙特卡洛模拟风险分析方法的说法，错误的是（　　）。

A. 该方法属于风险分析的理论计算法

B. 变量分解程度低，则模拟可靠度降低

C. 该方法可以用于对连续随机变量的分析

D. 变量分解过细往往造成变量之间有相关性

10. 因行业和项目都有其特殊性，不同的行业和不同的项目具有不同的风险。这表明风险具有（　　）的特点。

A. 客观性　　B. 多样性　　C. 相对性　　D. 可变性

11. 某项目在3种状态下的建设投资及其发生概率见下表，则该项目建设投资的期望值为（　　）万元。

项目状态	建设投资/万元	发生概率
工期正常	6500	0.5
工期延长半年	7500	0.3
工期正常、厂址迁至邻县	9000	0.2

A. 6500　　B. 7300　　C. 7667　　D. 9000

12. 某项目在主要风险变量的不同情况下，可能发生事件对应的财务净现值及其概率见下表，则该项目净现值大于或等于零的累计概率为（　　）。

净现值/万元	-4000	-3000	-2000	-1000	400	1000	1500	2000
概率	0.08	0.06	0.12	0.05	0.07	0.13	0.15	0.34

A. 0.62　　B. 0.64　　C. 0.66　　D. 0.69

13. 下列风险应对策略中，属于风险转移对策的是（　　）。

A. 合同中增加保证性条款　　B. 彻底改变原设计方案

C. 建立应急储备资金　　D. 降低技术方案复杂性

（二）多项选择题（每题2分。每题的备选项中，有2个或2个以上符合题意，至少有1个错项。错选，本题不得分；少选，所选的每个选项得0.5分）

1. 下列关于建设项目风险的说法，正确的有（　　）。

A. 管理风险属于技术风险　　B. 政策风险属于自然风险

C. 投机风险只会带来损失　　D. 不能带来利益的风险是纯风险

E. 只能被动接受的风险是外部风险

2. 某项目运营期各年营业收入、流转税金及可变成本费用均保持不变，项目运营期为15年，折旧及摊销年限为投产后10年，长期借款还款期为运营期前6年，关于其盈亏平衡分析的说法，正确的有（　　）。

A. 盈亏平衡点可按计算期内的平均值计算

B. 盈亏平衡点越低，表明项目抗风险能力越强

C. 运营期第2年的盈亏平衡点会高于第7年

D. 运营期第7年的盈亏平衡点会高于第11年

E. 运营期第11年的盈亏平衡点会高于第12年

3. 敏感度系数和临界点是敏感性分析的两项重要指标，下列有关敏感度系数和临界点的表述中，正确的有（　　）。

A. 敏感度系数是项目分析指标和不确定因素的比值

B. 不确定因素的敏感度系数越大，表明项目效益对该因素的敏感程度越高

C. 敏感度系数在判断各不确定因素对项目分析指标的相对影响程度上没有意义

D. 临界点的高低与设定的基准收益率有关

E. 不确定因素的临界点越高，说明该因素对项目效益指标的影响越大

4. 关于盈亏平衡分析的说法，正确的有（　　）。

A. 盈亏平衡分析广泛应用于财务分析和经济分析

B. 线性盈亏平衡分析假设产品产量等于销售量

C. 盈亏平衡点应按计算期内各年的平均数据计算

D. 盈亏平衡点越高，企业的抗风险能力越强

E. 计算盈亏平衡点不应采用未达产年份的数据

5. 关于投资项目风险识别目的的说法，正确的有（　　）。

A. 明确风险征兆，作为风险预警的信号

B. 估计风险发生时损失的严重程度

C. 分析风险产生的原因或发生的条件

D. 预测由所识别风险诱发的风险事件

E. 对项目产生重要影响的风险进行分类

6. 风险估计是估计风险发生的可能性及其对项目的影响。风险估计的方法主要包括（　　）。

A. 主观概率估计法

B. 客观概率估计法

C. 风险分解法

D. 概率树分析法

E. 蒙特卡洛模拟法

7. 可以用于风险识别的方法包括（　　）。

A. 德尔菲法

B. 风险结构分解法

C. 解析法

D. 风险概率-影响矩阵法

E. 风险评价表法

8. 关于概率树分析的说法，正确的有（　　）。

A. 通常假定输入变量之间是相关的

B. 净现值小于零的概率越接近 1，风险越小

C. 净现值期望值为各加权净现值之和

D. 该方法不适于输入变量存在相互关联的情况

E. 评价指标通常按由大到小的顺序排列计算累计概率

七、本章同步练习答案

（一）单项选择题

1. C	2. B	3. B	4. D	5. A	6. D
7. C	8. D	9. A	10. B	11. B	12. D
13. A					

（二）多项选择题

1. DE	2. BCD	3. BD	4. BE	5. ACE
6. ABDE	7. ABC	8. CD		

第十章
项目后评价及其报告

一、本章核心考点分布

- 项目后评价及其报告
  - 项目后评价的类型（2018年、2021年）
  - 项目后评价的特性、目的和作用（2019年、2020年、2021年、2022年）
  - 项目后评价依据的主要文件（2021年、2022年）
  - 项目建设全过程回顾与评价（2020年、2021年、2022年）
  - 项目目标评价与可持续性评价（2018年、2021年、2022年）
  - 项目效果效益评价（2020年、2021年）
  - 项目后评价的评价指标（2018年、2021年）
  - 项目后评价成果的反馈（2019年、2020年、2022年）

二、专家剖析考点

1. 注意区分狭义的项目后评价与广义的项目后评价，一般会以综合型题目考查。
2. 项目后评价的 6 个作用要掌握，一般会以多项选择题形式考查，属于常识题。
3. 项目后评价的类型也是命题人喜欢的命题素材，注意区分不同划分标准的分类。
4. 区分不同阶段项目后评价依据的主要文件，单项选择题、多项选择题都可能考查。
5. 项目建设 4 个阶段回顾内容及评价重点是考生要重点掌握的知识点。
6. 项目目标评价、可持续性能力评价与项目的成功度评价要注意区分。
7. 注意区分项目后评价指标的种类。
8. 了解项目后评价成果的反馈。

三、本章核心考点必刷题

考点 1　项目后评价的类型

例：项目后评价根据发起的时点不同，可以分为（AB）。

A. 实施中的中间评价　　B. 运行阶段后的后评价

C. 建设工程项目后评价　　D. 并购项目后评价
E. 贷款项目后评价　　F. 规划后评价
G. 全面后评价　　H. 专项后评价

题号	拓展同类必刷题	答案
1	根据评价范围划分，项目后评价可以分为（　　）。	GH
2	按项目类别划分，项目后评价可以分为（　　）。	CDEF

考点点评

1. 有关项目后评价的内容，还会以判断正确与错误说法的题型出现，狭义的项目后评价与广义的项目后评价注意区分。

2. 掌握中间评价与后评价的区别与联系。

（1）中间评价可以是全面后评价，也可以对单一专题进行专项评价。

（2）中间评价和后评价两者实施的时间、评价深度和相应的指标、服务的作用和功能也有所不同。两者的项目目标评价和效益评价是一致的。

考点2　项目后评价的特性、目的和作用

例：关于项目后评价的目的和作用，说法正确的有（ABCDEFGHI）。

A. 项目后评价的核心目的是为出资人保证资金合理使用和提高投资效益服务
B. 项目后评价主要目的是服务于投资决策
C. 通过项目后评价可以增强项目实施的社会透明度和管理部门的责任心，提高投资管理水平
D. 项目后评价对提高项目前期工作质量起促进作用
E. 项目后评价对政府制定和调整有关经济政策起参谋作用
F. 项目后评价对银行防范风险起提示作用
G. 项目后评价对项目业主提高管理水平起借鉴作用
H. 项目后评价对企业优化生产管理起推动作用
I. 项目后评价对出资人加强投资监管起支持作用

考点点评

1. 针对上述内容，通常以判断正确或错误说法的题型考查。

2. 选项A也可能单独成题。可以这样命题：项目后评价的核心目的是（　　）。

3. 项目后评价的特性表现在5个方面，即全面性、动态性、方法的对比性、依据的现实性、结论的反馈性。

考点3　项目后评价依据的主要文件

例：下列项目后评价收集的资料与文件中，属于项目实施阶段的主要文件有（JKLMNOPQ）。

A. 项目可行性研究报告　　B. 土地预审报告
C. 环境影响评价报告　　D. 安全预评价报告
E. 节能评估报告　　F. 重大项目社会稳定风险评估报告
G. 洪水影响评价报告　　H. 水资源论证报告
I. 水土保持报告　　J. 工程设计文件及概（预）算
K. 招标文件　　L. 开工报告及开工的各项批准文件
M. 主要合同文本　　N. 年度投资计划
O. 施工图设计会审及变更资料　　P. 监理资料

Q. 竣工验收报告及其相关的验收文件
R. 项目生产和经营数据
S. 设备运行指标及维护记录
T. 企业财务报表
U. 项目运营管理的主要规章制度
V. 项目投入运行以后的技术改造情况
W. 安全生产许可证
X. 经营许可证

题号	拓展同类必刷题	答案
1	下列项目后评价收集的资料与文件中，属于项目决策阶段的主要文件有（　　）。	ABCDEFGHI
2	下列项目后评价收集的资料与文件中，属于项目生产运营阶段的主要文件有（　　）。	RSTUVWX

考点4　项目建设全过程回顾与评价

例：开展项目后评价时，项目建设准备阶段回顾与评价的内容有（EFGHIJ）。

A. 分析评价项目风险分析是否充分
B. 分析评价项目可行性研究阶段的目标是否明确、合理，内容与深度是否符合规定要求
C. 分析评估工作深度是否满足决策要求
D. 分析评价项目决策程序是否合规，决策方法是否科学，决策内容是否完整
E. 分析勘察结论的可靠性，设计方案的科学性及设计文件的完备性
F. 分析评价项目的资金来源是否按预想方案实现，资金结构、融资方式、融资成本是否合理
G. 评价招标方式、招标组织形式、招标范围、标段划分的合理性
H. 评价合同签订的依据和程序是否合规，合同谈判、签订过程中的监督机制是否健全
I. 分析评价项目开工建设的物资准备、技术准备、组织准备、人员准备的情况
J. 分析评价项目许可开工相关手续的情况
K. 分析评价各类合同的执行情况
L. 评价项目业主采取的合同管理措施及各阶段合同管理办法及效果
M. 分析评价重大设计变更
N. 评价项目业主在管理中对质量、进度、投资、安全、环境方面采取的措施与效果
O. 评价基建财务管理机构和制度健全与否，分析资金实际来源、成本与预测、计划产生差异的原因
P. 分析评价工程监理与工程质量监督在项目实施过程中所起的作用
Q. 分析评价管理体制的先进性、管理模式的适应性、管理机构的健全性和有效性
R. 评价各项生产准备内容、试车调试、生产试运行与试生产考核等情况
S. 评价工程项目全面竣工验收工作的合规性与程序的完善性
T. 评价工程资料档案的完整性、准确性和系统性，管理制度的完善性
U. 分析评价工艺路线畅通状态、设备能力匹配度、生产线运行稳定性
V. 评价产品质量、营销策略及效果、产品市场竞争能力和占有率
W. 分析市场开发与新产品研发能力
X. 分析评价管理体制、管理机制、管理机构、管理规章制度
Y. 对评价时点以后的产品市场需求和竞争能力进行预测
Z. 对项目全生命周期财务效益和经济效益进行预测

题号	拓展同类必刷题	答案
1	开展项目后评价时，项目决策阶段需评价的内容有（　　）。	ABCD
2	开展项目后评价时，项目建设实施阶段需评价的内容有（　　）。	KLMNOPQ
3	开展项目后评价时，项目投产运营阶段需评价的内容有（　　）。	RSTUVWXYZ

考点5 项目目标评价与可持续性评价

例1：关于项目目标评价的说法，正确的有（ABCDEF）。

A. 项目目标评价包括项目实现程度评价、目标合理性评价

B. “四个建成”的完成度，即目标实现程度

C. 对目标合理性的评价也是对决策效果的分析与判断

D. 目标评价的常用分析方法包括目标树法、层次分析法

E. 国际上通常采用逻辑框架法通过项目的投入产出目标进行分析

F. 项目目标评价的任务是分析与预定的目标产生偏离的主观和客观原因，提出在项目以后的实施或运行中应采取的措施和对策

考点点评

1. “四个建成”即工程（实物）建成、项目技术（能力）建成、项目经济（效益）建成、项目影响建成。

2. 针对选项D，还可以这样命题：项目目标评价的常用分析方法包括（目标树法、层次分析法）。

3. 项目成功度评价一般以表格调查形式表示。一般分为5个等级：①完全成功（A）；②基本成功（B）；③部分成功（C）；④不成功（D）；⑤失败（E）。

例2：项目可持续性要素受市场、资源、财务、技术、环保、管理、政策等多方面影响，一般可分为内部要素和外部条件。下列属于外部条件支持能力的有（GHIJKL）。

A. 项目规模的经济性

B. 技术的成熟性

C. 竞争力

D. 企业财务状况

E. 污染防治措施满足环保要求的程度

F. 企业管理体制与激励机制

G. 资源供给

H. 物流条件

I. 自然环境与生态要求

J. 社会环境

K. 政策环境

L. 市场变化及其趋势

题号	拓展同类必刷题	答案
1	下列影响项目可持续能力的要素中，属于内部要素的有（ ）。	ABCDEF

考点6 项目效果效益评价

例：项目效果效益评价是对项目实施的最终效果和效益进行分析评价。下列属于项目技术效果评价内容的有（ABCD）。

A. 工艺流程评价

B. 装备水平评价

C. 技术水平评价

D. 国产化水平评价

E. 管理体制与监督机制评价

F. 组织结构与协调能力评价

G. 激励机制与工作效率评价

H. 规章制度与工作程序评价

I. 人员结构与工作能力评价

J. 管理者水平与创新意识评价

考点点评

选项E、F、G、H、I、J属于管理评价的主要内容。

考点7 项目后评价的评价指标

例： 下列项目后评价指标中，属于财务和经济评价指标的有（DEFGHIJK）。

A. 设计能力
B. 技术或工艺的合理性、先进性
C. 设备性能
D. 项目总投资
E. 建设投资
F. 单位产出成本与价格
G. 财务内部收益率
H. 借款偿还期
I. 资产负债率
J. 财务费用
K. 经济净现值
L. 生态指标
M. 环境容量
N. 环境控制
O. 环境治理与环保投资
P. 资源合理利用
Q. 节能减排指标
R. 利益相关群体
S. 移民和拆迁
T. 项目区贫困人口
U. 最低生活保障线
V. 前期工作相关程序
W. 采购招标
X. 施工组织与管理
Y. 项目投入
Z. 项目产出
A1. 项目直接目的
B1. 项目宏观影响

题号	拓展同类必刷题	答案
1	下列项目后评价指标中，属于工程技术评价指标的有（　　）。	ABC
2	下列项目后评价指标中，属于项目生态与环境评价指标的有（　　）。	LMNOPQ
3	下列项目后评价指标中，属于项目社会效益评价指标的有（　　）。	RSTU
4	下列项目后评价指标中，属于管理效能评价指标的有（　　）。	VWX
5	下列项目后评价指标中，属于项目目标评价指标的有（　　）。	YZA1B1

考点8 项目后评价成果的反馈

例： 项目后评价成果反馈的形式包括（ABCDEF）。

A. 后评价信息管理系统
B. 评价报告
C. 内部培训
D. 出版物
E. 内部研讨
F. 成果反馈讨论会

考点点评

1. 后评价成果反馈的目的会这样命题：项目后评价成果反馈的目的是（　　）。
2. 本考点还会以判断正确与错误说法的题目考查。

四、本章真题实训

1.【2022 年真题】关于项目后评价的说法，正确的是（　　）。

A. 项目后评价是对项目决策过程进行的评价

B. 项目后评价不能采用“有无对比法”

C. 后评价总结出来的经验可通过反馈机制得以推广应用

D. 后评价采用的预测数据应以项目建成竣工时的现实情况为基础

2.【2022 年真题】关于项目成功度评价的说法，正确的是（　　）。

A. 形成项目后评价结论的过程又称为项目成功度评价
B. 项目效益完全实现视为项目完全成功
C. 项目成功度测评各指标的权重相同
D. 项目成功度评价一般以表格调查形式表示

3.【2022 年真题】下列评价内容中，属于项目社会影响评价内容的是（　　）。
A. 项目的污染控制情况
B. 项目的移民安置情况
C. 项目的自然资源利用程度
D. 项目所在区域的生态平衡

4.【2021 年真题】关于项目后评价类型的说法，正确的是（　　）。
A. 项目中间评价是指项目投资完成一半时的评价
B. 项目中间评价与项目后评价时点不同，但是内容相同
C. 按照评价范围分为全面后评价和专项后评价
D. 专项后评价是专门针对规划项目开展的后评价

5.【2021 年真题】关于项目后评价报告内容、方法及评价结论的说法，正确的是（　　）。
A. 项目管理评价是对项目建设期的组织管理机构及项目执行者的评价
B. 推动产业技术进步属于项目可持续性评价的内容
C. 从项目成功度评价上看，项目功能有缺陷，意味着项目失败
D. 逻辑框架法是项目目标评价通常采用的方法之一

6.【2020 年真题】关于项目后评价成果反馈的说法，正确的是（　　）。
A. 禁止以讨论会的形式反馈项目后评价的成果
B. 反馈到有关主管部门的后评价成果不应包括项目中失误的内容
C. 后评价的成果反馈有助于完善今后类似项目
D. 后评价成果反馈的目的是表彰项目出资人

7.【2020 年真题】下列评价内容中，属于建设项目后评价中实施阶段评价内容的是（　　）。
A. 项目竣工验收评价
B. 融资方案评价
C. 项目建设必要性评价
D. 资金使用与管理评价

8.【2022 年真题】下列后评价收集的资料中，属于项目决策阶段的有（　　）。
A. 节能评估报告
B. 水资源论证报告
C. 环境影响评价报告
D. 项目竣工验收报告
E. 企业经营许可证

9.【2021 年真题】下列内容中，属于项目管理效能评价应关注内容的有（　　）。
A. 设计能力
B. 规章制度
C. 施工组织
D. 合同管理
E. 采购招标

10.【2020 年真题】下列评价特性中，属于项目后评价基本特性的有（　　）。
A. 依据具有现实性
B. 指标应有先进性
C. 评价内容具有全面性
D. 评价具有动态性
E. 结论具有反馈性

11.【2020 年真题】关于项目后评价作用的说法，正确的有（　　）。
A. 有助于提高其他后期类似项目前期工作的质量
B. 对金融机构防范风险起提示作用
C. 对提高项目管理水平起借鉴作用
D. 为工程项目的竣工验收提供素材
E. 后评价报告可作为项目的竣工报告

五、本章真题实训答案及解析

1. C。项目后评价是对项目已经完成的现实结果进行分析研究，依据的数据资料是建设项目实际发生的真实数据和真实情况，故选项 A、D 错误。选项 B 错误，可以采用。

2. D。选项 A 错误，项目成功度评价是在对项目效益、效果和影响的评价的基础上，在项目目标评价层次之上，对项目进行的更为综合的评价判断，综合得出项目总体成功与否的评价结论。选项 B 错误，原定目标全面实现或超过预期，项目功能、效益和影响充分发挥，视为项目完全成功。选项 C 错误，权重可以是定性的，也可以是定量的。

3. B。选项 A、C、D 属于环境影响后评价的内容。

4. C。选项 A 错误，项目中间评价是指从项目开工到竣工验收前所进行的阶段性评价，也就是在项目实施过程中的某一时点，对建设项目实际状况进行的评价；选项 B 错误，项目中间评价与项目后评价，两者实施的时间、评价深度和相应的指标、服务的作用和功能不同；选项 D 错误，专项后评价是对单一专题进行专项评价。

5. D。项目管理评价是对项目建设期和运营期的组织管理机构的合理性、有效性，项目执行者的组织能力与管理水平进行综合分析与评价，故选项 A 错误。推动产业技术进步是项目社会影响评价的内容，故选项 B 错误。项目功能有缺陷属于项目部分成功，故选项 C 错误。

6. C。项目后评价成果的反馈形式包括成果反馈讨论会形式，故选项 A 错误。后评价成果反馈的目的是将后评价总结的经验教训以及提出的对策建议，反馈到投资决策和主管部门、项目出资人以及项目执行单位，为项目投资决策、规划编制与调整，以及相关政策制定提供依据；使经验得到推广，教训得以吸取，错误不再重复；使项目更加完善，提高项目可持续发展能力以及市场竞争力。故选项 B、D 错误。

7. D。选项 A 属于项目投产运营阶段评价内容；选项 B 属于项目建设准备阶段评价的内容；选项 C 属于项目决策阶段评价的内容。

8. ABC。选项 D 属于项目实施阶段的主要文件；选项 E 属于项目生产运营阶段的主要文件。

9. BCDE。选项 A 属于工程技术评价指标。

10. ACDE。项目后评价的基本特性：①全面性。项目后评价具有数据采集范围广泛、评价内容全面的特点。②动态性。③方法的对比性。④依据的现实性。⑤结论的反馈性。

11. ABC。项目后评价的作用除了选项 A、B、C 还包括：①对提高项目前期工作质量起促进作用；②对政府制定和调整有关经济政策起参谋作用；③对企业优化生产管理起推动作用；④对出资人加强投资监管起支持作用。要注意选项 A 的说法是正确的。

六、本章同步练习

（一）单项选择题（每题 1 分。每题的备选项中，只有 1 个最符合题意）

1. 项目后评价的核心目的是（　　）。
   A. 为出资人保证资金合理使用和提高投资效益服务
   B. 准确分析和把握项目的市场定位，合理定价，把市场的负面波动降到最低
   C. 优化企业生产运营管理，提高经济效益和社会效益
   D. 及时掌握项目产品市场需求变化与企业经营管理状况，完善银行信贷管理制度和风险控制措施

2. 下列项目后评价的类型依据评价范围划分的是（　　）。
   A. 全面后评价和专项后评价　　B. 项目中间评价和项目后评价

C. 贷款项目后评价和规划后评价

D. 工程项目后评价和并购项目后评价

3. 项目建设准备阶段评价衡量的重要标尺是（　　）。

A. 效益

B. 效率

C. 可持续性

D. 合理性

4. 项目目标实现、达到预定目标，即项目建成。装置、设备和设施运行正常，各项工艺参数达到设计技术指标，生产能力和产品质量达到设计要求是指（　　）。

A. 工程（实物）建成

B. 项目影响建成

C. 项目经济（效益）建成

D. 项目技术（能力）建成

5. 国际上通常采用（　　），通过项目的投入产出目标进行分析，进行目标评价。

A. 目标树法

B. 层次分析法

C. 逻辑框架法

D. 结构拆解法

6. 不同类型项目的后评价应选用不同的评价指标。下列属于财务和经济评价指标的是（　　）。

A. 项目产出

B. 设计能力

C. 单位产出成本与价格

D. 项目投入

（二）多项选择题（每题2分。每题的备选项中，有2个或2个以上符合题意，至少有1个错项。错选，本题不得分；少选，所选的每个选项得0.5分）

1. 针对项目实际运行状况，下列属于项目技术效果评价的有（　　）。

A. 工艺流程评价

B. 装备水平评价

C. 技术水平评价

D. 多领域评价

E. 国产化水平评价

2. 开展项目后评价时，项目投产运营阶段需评价的内容有（　　）。

A. 融资方案

B. 合同执行与管理

C. 资金使用与管理

D. 资料档案管理

E. 项目竣工验收

3. 下列项目后评价报告内容中，属于项目环境影响评价内容的有（　　）。

A. 项目对区域经济发展的带动作用

B. 项目的移民安置情况

C. 项目对自然资源的利用

D. 项目对产业技术进步的作用

E. 项目污染治理设施建设内容和环保投入

4. 项目可持续能力分析是后评价的一项重要内容，下列影响项目可持续能力的要素中，属于内部要素的有（　　）。

A. 资源供给

B. 项目规模的经济性

C. 市场变化及其趋势

D. 对市场的应变能力

E. 技术竞争力

七、本章同步练习答案

（一）单项选择题

1. A	2. A	3. B	4. D	5. C
6. C				

（二）多项选择题

1. ABCE	2. DE	3. CE	4. BDE

2024年全国注册咨询工程师（投资）职业资格考试 预测试卷（一）

一、**单项选择题**（共60题，每题1分。每题的备选项中，只有1个最符合题意）

1. 关于项目目标的说法，正确的是（　　）。

A. 项目目标一般包括直接目标和间接目标两个层次

B. 具体目标是指对项目建设规模所确定的目标值

C. 不同性质项目的具体目标是有区别的

D. 不同性质项目的宏观目标是相同的

2. 下列方法中，经常用于产业规划的市场需求分析，判断市场成长性和影响因素的是（　　）。

A. 波特五力模型法　　B. 需求弹性法

C. 抽样调查法　　D. 头脑风暴法

3. 咨询工程师（投资）存在（　　）行为，由中国工程咨询协会通报批评并收回执业专用章。

A. 备案信息与实际情况不符

B. 累计两次未在规定时限内完成评估任务

C. 咨询成果存在严重的质量问题

D. 涂改、转让登记证书

4. 多方案比选可以采用（　　）等方法进行综合评价优化选择。

A. 专家评分法、目标排序法　　B. 试验法、数学分析法

C. 数学分析法、经验判断法　　D. 专家评分法、试验法

5. 投资机会研究的重点是（　　）。

A. 投资政策研究　　B. 分析投资环境

C. 税收政策研究　　D. 供需分析

6. 可行性研究报告与项目申请报告的主要区别不包括（　　）。

A. 适用范围和作用不同　　B. 目的不同

C. 内容不同　　D. 信息资料收集不同

7. 下列关于项目前期咨询成果质量保证的说法中，正确的是（　　）。

A. 加强项目内部评审是确保最终成果质量的重要手段

B. 质量评审包括内部评审、外部评审和综合评审

C. 项目经理责任制是保证项目前期咨询成果质量的基础

D. 建设项目前期咨询成果一般用定量标准来衡量和评价

8. 企业发展规划对于制订企业各项具体目标具有重要的指导作用，对企业选择投资方向、企业战略制订、企业资源优化配置、（　　）等都具有引导和约束作用。

A. 企业组织架构设计　　B. 区域产业优势组合

C. 产业合理有序发展　　D. 发展目标和总体布局

9. 下列园区发展规划的编制原则中，属于绿色发展原则的是（　　）。

A. 严格执行工业项目用地控制指标　　B. 严守资源消耗上限

C. 基础设施一体化　　D. 产业链条延伸合理

10. 企业发展规划报告编制重点是要做好（　　）三方面工作。

A. 规划制订、规划实施方案、规划检查
B. 规划分析、规划定位、规划实施方案
C. 规划研究、规划分析、规划实施方案
D. 规划调查、规划分析、实施与检查

11. 企业发展规划的外部环境分析可分成宏观、中观、微观三个层面，其中中观层面重点进行（　　）。
A. PEST 分析
B. 行业和市场分析
C. 企业经营环境分析
D. 层次分析

12. 园区发展规划报告的重点内容不包括（　　）。
A. 确定园区目前的经营状况、业务结构
B. 确定园区性质和发展目标，确定园区产业发展方向以及结构，划定园区范围
C. 确定园区绿地系统的发展目标和总体布局
D. 确定综合防灾规划的目标和总体布局

13. 关于规划环境影响评价适用情形的说法，正确的是（　　）。
A. 编制综合性规划，应根据规划实施后可能对环境造成的影响，编制环境影响报告书
B. 编制农业、林业、水利资源开发类的专项规划，可不进行环境影响评价
C. 需编制专项规划的均应编制环境影响报告书
D. 需编制环境影响报告书的专项规划，应当在规划草案报送前审批

14. 对农用地项目综合利用效果分析评价时，尽量采用（　　）进行量化分析。
A. 价值法
B. 统计法
C. 对比法
D. 匡算法

15. 下列项目可行性研究报告编制的内容中，属于产品竞争力优劣势分析编制内容的是（　　）。
A. 目标市场选择与结构分析
B. 产品需求周期性分析
C. 主要用户分析
D. 产品质量与结构分析

16. 生产工艺技术方案和设备方案的选择是（　　）确定的基础。
A. 建设条件与场址
B. 建设规模和产品方案
C. 工程和配套方案
D. 总图运输和装备方案

17. 下列关于可行性研究中对公用与辅助工程方案设计要求的说法，正确的是（　　）。
A. 依托老厂建立的供电工程，应说明老厂提供的供电设施，无须说明使用条件和价格
B. 公用与辅助工程包括水源及输水管道
C. 公用与辅助工程方案不需要说明单元用电负荷
D. 对于供热工程新建项目应重点论述场（厂）址周围的依托情况

18. 某建设项目，重复利用水量 19093m^3/h，新水量为 1813m^3/h。则水的重复利用率是（　　）。
A. 9.50%
B. 90.51%
C. 91.33%
D. 94.95%

19. 建设工期一般是指从拟建项目（　　）之日到项目全面建成投产或交付使用所需要的全部时间。
A. 临时设施开工
B. 开工报告批准
C. 施工许可证批准
D. 永久性工程开工

20. 下列财务分析指标中，属于盈利能力静态指标的是（　　）。
A. 项目财务净现值
B. 项目资本金财务内部收益率
C. 项目投资内部收益率
D. 经济增加值

21. 经济分析是按合理配置资源的原则考察项目的经济合理性。下列关于经济分析作用的说法，错误的是（　　）。
A. 通过经济分析可以明确项目对社会经济的贡献，评价企业利益
B. 根据经济分析结论政府可对财务效益好、经济效益差的项目进行限制
C. 根据经济分析结论政府可对财务效益差、经济效益好的项目予以鼓励

D. 根据经济分析结论对项目进行调控有助于实现企业利益、地区利益和全社会利益的有机结合

22. 关于公共建筑项目可行性研究的说法，正确的是（　　）。

A. 社会需求与服务是重点分析内容　　B. 设计方案重在提升土地利用价值

C. 财务分析以盈利能力分析为主　　D. 经济分析主要计算费用效益比

23. 并购效益包括企业自身的效益和由于并购带来的企业整体协同效益。其中企业自身的效益包括（　　）。

A. 资本经营效益、基础价值、战略价值

B. 直接使用价值、经济增加值、市场增加值

C. 间接使用价值、经济增加值、内在价值

D. 资本经营效益、经济增加值、市场增加值

24. 对有营业收入项目财务分析时，营业收入补偿费用的顺序是（　　）。

A. 支付运营维护成本→缴纳流转税→偿还借款利息→计提折旧、摊销→偿还借款本金

B. 计提折旧、摊销→缴纳流转税→支付运营维护成本→偿还借款利息→偿还借款本金

C. 缴纳流转税→支付运营维护成本→计提折旧、摊销→偿还借款利息→偿还借款本金

D. 支付运营维护成本→缴纳流转税→偿还借款利息→偿还借款本金→计提折旧、摊销

25. 在项目申请报告中，政府应重点关注的内容是（　　）。

A. 项目财务效益是否最大

B. 项目是否对经济安全和社会安全造成危害

C. 项目产品的市场竞争力

D. 项目对政府财税收入的贡献

26. 规划评估的发展思路和规划目标评估应按照（　　）等要求，结合基础条件及发展状况的分析评价，对规划主体发展的指导思想、发展思路、功能定位和规划目标（体系）进行评估并提出意见及调整建议。

A. 规划视野宏观性、规划思维战略性、规划目标恰当性

B. 规划目标恰当性、规划体系衔接性、规划方案可行性

C. 规划目标恰当性、规划体系衔接性、规划思维战略性

D. 规划方案可行性、规划实施可靠性、规划目标恰当性

27. 对企业投资项目申请报告进行核准评估时，不需要评估的内容是（　　）。

A. 申报单位是否具备承担项目的能力

B. 拟建项目是否符合行业准入核准

C. 拟建项目是否对行业发展、区域经济产生影响

D. 项目建设及运营模式是否与企业发展战略相适应

28. 下列项目申请报告评估内容中，属于境外投资项目独有评估内容的是（　　）。

A. 是否违反我国缔结或参加的国际公约

B. 是否对公众利益产生重大不利影响

C. 是否符合国家资本项目管理要求

D. 是否符合节约用地政策

29. 下列关于项目评估质量控制评审制度的说法中，正确的是（　　）。

A. 一般而言，企业组织内部的质量评审由部门、公司和政府三级评审构成

B. 部门评审要对评估报告的质量进行全面审议，做出质量评定并提出明确具体的评审意见

C. 公司评审的项目均应由分管领导指定或抽样选取产生

D. 公司评审一般采取召开评审会的形式，评审组评委成员全部由公司分管领导组成

30. 合理经济规模可以使项目（　　）。

A. 利润总额达到行业最高
B. 投资额达到行业最低
C. 产品产量达到行业最高
D. 所需资源得到充分利用

31. 下列关于生产工艺技术方案比选的说法中，错误的是（　　）。

A. 工艺技术方案比选通常采用定性分析的方法进行
B. 可以利用占地面积、定员等指标进行综合分析
C. 工艺技术方案比选的内容与行业特点有关
D. 对风险因素进行定量或定性分析，主要包括影响技术先进性、适用性和可靠性的因素

32. 根据《危险废物贮存污染控制标准》（GB 18597—2023），关于危险废物集中贮存设施选址要求的说法，正确的是（　　）。

A. 应选在地质结构稳定、地震烈度不超过 7 度的区域内
B. 选址在溶洞区或类似地区的，应做好预防措施
C. 基础必须防渗，防渗层为至少 1m 厚混凝土
D. 设施底部必须高于地下水最低水位

33. 关于总图运输方案研究的说法，正确的是（　　）。

A. 用地范围内可以建造“花园式工厂”
B. 合理确定厂区通道宽度
C. 建筑物、构筑物等应联合单层设置
D. 分期建设的项目应统一征地，先征待用

34. 下列属于投资项目总图运输方案设计中竖向布置具体工作的是（　　）。

A. 确定厂区绿化方案
B. 确定场地排水方式
C. 确定场地功能区
D. 确定厂区运输方案

35. 某项目厂区占地面积 80000m^2，其中，建（构）筑物占地面积 20500m^2，露天堆场占地面积 3500m^2，道路及广场占地面积 25000m^2，绿化面积 30000m^2，地上地下工程管线占地面积 5000m^2，建筑物散水占地面积 360m^2。该项目没有专用铁路。经计算，该项目的场地利用系数为（　　）。

A. 62%　　B. 63%　　C. 68%　　D. 99%

36. 各个方案之间在技术经济、现金流量、资金使用等方面相互影响，不完全互斥也不完全依存，但任何一个方案的取舍会导致其他方案的变化，这种方案关系类型是（　　）。

A. 独立型关系
B. 互补型关系
C. 相关型关系
D. 从属型关系

37. 某投资项目计算期现金流量见下表，该投资项目的静态投资回收期为（　　）年。

年份	0	1	2	3	4	5
净现金流量/万元	-1000	-500	600	800	800	800

A. 2. 143　　B. 3. 125　　C. 3. 143　　D. 4. 125

38. 当折现率分别取 12%、14% 和 16% 时，某项目对应的净现值为 221. 45 万元、81. 75 万元和 -30. 15 万元。则该项目的内部收益率为（　　）。

A. 13. 46%　　B. 15. 17%　　C. 15. 46%　　D. 15. 52%

39. 下列关于投资方案经济评价指标的说法，正确的是（　　）。

A. 投资收益率指标考虑了资金时间价值
B. 内部收益率能直接衡量方案未收回投资的收益率，但是需要事先确定一个基准收益率
C. 项目的净现值是反映投资方案在计算期内获利能力的相对指标

D. 费用现值指标的计算不考虑方案的收益，但需考虑方案的投资和经营成本支出及资产的余值回收

40. 当折现率分别取 12%、14% 和 16% 时，某项目对应的净现值为 221.45 万元、81.75 万元和 −30.15 万元。则该项目的内部收益率为（　　）。

A. 13.46%　　B. 15.17%　　C. 15.46%　　D. 15.52%

41. 某项目有甲、乙、丙、丁四个可行方案，投资额和年经营成本见下表。

方案	甲	乙	丙	丁
投资额/万元	800	800	900	1000
年经营成本/万元	100	110	100	70

若基准收益率为 10%，采用增量投资收益率比选，最优方案为（　　）方案。

A. 甲　　B. 乙　　C. 丙　　D. 丁

42. 采用增量投资内部收益率（ΔIRR）法比选计算期相同的两个可行互斥方案时，基准收益率为 i_c，则保留投资额大的方案的前提条件是（　　）。

A. $\Delta IRR > 0$　　B. $\Delta IRR < 0$

C. $\Delta IRR \geqslant i_c$　　D. $\Delta IRR < i_c$

43. 建设项目社会评价需要从国家、地方、社区三个不同的层面进行分析，做到（　　）。

A. 粗略分析与详细分析相结合　　B. 静态分析与动态分析相结合

C. 社会分析与环境分析相结合　　D. 宏观分析与微观分析相结合

44. 在进行社会评价时，分析民族矛盾、宗教问题，属于（　　）。

A. 社会影响分析　　B. 社会互适性分析

C. 社会风险分析　　D. 社会环境分析

45. 开展投资项目社会评价，进行项目与所在地区的互适性分析时，要考虑的社会因素包括不同利益相关者的态度，当地社会组织的态度和（　　）。

A. 对财政收入的影响　　B. 对居民收入的影响

C. 移民安置的问题　　D. 当地社会环境条件

46. 在社会评价中，评价人员对理念、意识、心理等通常只能采用（　　）。

A. 定性分析方法　　B. 定量分析方法

C. 通用方法　　D. 专用方法

47. 制订利益相关者的参与机制其主要环节包括参与过程、磋商和（　　）。

A. 会议组织　　B. 信息交流

C. 调查研究　　D. 人员组织

48. 社会评价的实施，首先应（　　）。

A. 识别社会因素　　B. 进行社会分析

C. 调查社会资料　　D. 制订社会管理方案

49. 风险是否发生，风险事件的后果如何都是难以确定的。但是可以通过历史数据和经验，对风险发生的可能性和后果进行一定的分析预测。这表明风险具有（　　）的特点。

A. 客观性　　B. 可变性

C. 阶段性　　D. 多样性

50. 按照投资项目风险的边界划分，属于内部风险的是（　　）。

A. 管理风险　　B. 政策风险

C. 自然风险　　D. 市场风险

51. 关于敏感性分析的说法，正确的是（　　）。

A. 敏感性分析仅适用于财务分析
B. 敏感程度表明了敏感因素发生的概率
C. 敏感度系数与不确定因素的变化率无关
D. 多因素敏感性分析是对同时改变两个或两个以上因素的情况进行分析

52. 某投资项目达产后每年的可变成本为4000万元，产品销售单价为23万元/t，营业收入与成本费用均采用不含税价格，单位产品税金及附加为0.2万元/t，项目设计生产能力为500t。在采用生产能力利用率表示的盈亏平衡点为60%的情况下，其年总固定成本为（　　）万元。

A. 1704　　B. 2840　　C. 2900　　D. 4440

53. 某公司生产单一产品，设计年生产能力为3万件，单位产品的售价为380元/件，单位产品可变成本为120元/件，单位产品税金及附加为70元/件，年固定成本为285万元，成本费用均采用不含税价格。该公司盈亏平衡点的产销量为（　　）件。

A. 20000　　B. 19000　　C. 15000　　D. 7500

54. 某投资项目在三种前景下的净现值和发生概率见下表。按该表数据计算的净现值期望值为（　　）元。

前景	净现值/元	概率
较好	60000	0.25
好的	100000	0.50
差的	40000	0.25

A. 25000　　B. 37500　　C. 66667　　D. 75000

55. 采取概率树分析法进行投资项目风险分析时，输入和输出变量应满足的条件是（　　）。

A. 变量服从β分布　　B. 变量服从连续分布
C. 变量服从正态分布　　D. 变量服从离散分布

56. 风险评价要采用一定的指标体系和评价标准对风险程度进行评价，以揭示关键风险因素。下列评价方法中，属于单因素风险评价方法的是（　　）。

A. 流程图分解法　　B. 风险概率矩阵法
C. 情景分析法　　D. 风险概率分析法

57. 为了应对风险接受，可以采取事先制订好后备措施。一旦项目实际进展情况与计划不同，就需动用后备措施。下列不属于后备措施的是（　　）。

A. 预备费　　B. 进度后备措施
C. 安全后备措施　　D. 技术后备措施

58. 关于不同决策准则风险下项目决策的说法，正确的是（　　）。

A. 按照不同人群对风险的不同态度可以分为风险热爱型、风险中性型和风险厌恶型
B. 对于风险中性型投资者，一般采取最大盈利决策准则
C. 对于风险热爱型投资者，一般取用最小损失决策准则
D. 对于风险厌恶型投资者，一般采取期望值决策准则

59. 项目后评价成果并不是一成不变的，不同阶段的后评价应采集项目进展的最新数据，对前期后评价成果进行修正。这表明了项目后评价的（　　）特性。

A. 全面性　　B. 动态性
C. 对比性　　D. 现实性

60. 项目决策阶段评价衡量的重要标尺是（　　）。

A. 科学性和合理性　　B. 执行效率和效益

C. 合理性和效率

D. 项目效益和可持续性

二、多项选择题（共35题，每题2分。每题的备选项中，有2个或2个以上符合题意，至少有1个错项。错选，本题不得分；少选，所选的每个选项得0.5分）

61. 实行审批制决策的项目，申请安排（　　）的项目，由国家发展改革委审批或者由国家发展改革委委托中央有关部门审批。

A. 中央预算内投资3000万元及以上

B. 技术方案复杂

C. 专项规划已经明确

D. 需要跨地区、跨部门、跨领域统筹

E. 建设内容复杂、投资规模大

62. 在项目决策过程中，政府投资主管部门对项目的审批（核准）及向国务院提出审批（核准）的审查意见承担责任，应着重审查（　　）。

A. 项目是否符合国家宏观调控政策、发展规划和产业政策

B. 是否维护了经济安全和公众利益

C. 资源开发利用和重大布局是否合理

D. 项目用地规模是否符合有关规定和控制要求

E. 项目是否符合环境功能区划

63. 在项目决策过程中，对一些影响项目决策的重大或重要事项，可以开展专题研究，为决策提供补充材料，这些资料或专题报告包括（　　）。

A. 节能审查意见

B. 市场研究报告

C. 竞争力分析报告

D. 选址意见书

E. 技术方案比选报告

64. 关于乙级专业咨询机构资信评价标准的说法，正确的有（　　）。

A. 单位咨询工程师（投资）不少于12人

B. 申请评价的专业应配备至少3名咨询工程师（投资）和至少1名具有本专业高级技术职称的人员

C. 项目咨询、评估咨询、全过程工程咨询等三项服务范围内完成的单个项目投资额15亿元及以上业绩不少于10项

D. 单位主要技术负责人为咨询工程师（投资），具有工程或工程经济类高级技术职称，且从事工程咨询业务不少于6年

E. 单位从事工程咨询业务不少于5年

65. 企业发展规划的任务有（　　）。

A. 促进企业结构优化和企业技术升级

B. 推动形成产业创新机制和产生再造能力

C. 落实企业战略目标，深入研究企业内部条件和外部环境

D. 提出企业发展路径，确定企业业务结构和规模

E. 确定规划期内的业务组合、投资方向和重点投资项目

66. 产业发展规划的作用有（　　）。

A. 指导产业合理有序发展

B. 推动区域产业优势组合

C. 落实资源条件

D. 为相关专项规划提供基础和依据

E. 促进资源合理配置

67. 根据产业发展规划工作的任务和特点，在编制产业发展规划报告时需要遵循（　　）。

A. 持续性原则

B. 全面性原则

C. 可操作性原则

D. 产业关联原则

E. 前瞻性原则

68. 产业发展规划要提出建设时序安排，要结合（　　）因素，合理安排各规划期的重点项目。

A. 经济环境
B. 市场需求
C. 支撑条件
D. 技术水平
E. 发展规模

69. 土地资源利用分析评价的原则有（　　）。

A. 和谐性
B. 关联性
C. 合规性
D. 适用性
E. 约束性

70. 下列土地资源利用分析评价指标中，属于农用地内部效应指标的有（　　）。

A. 粮食保证率
B. 灌溉保证率
C. 表层土壤地质
D. 单位面积农用地固碳量
E. 农用地临近水源水质指数

71. 改、扩建和技术改造项目需要了解或估算的数据包括（　　）。

A. “增量”投资
B. “新增”投资
C. “无项目”投资
D. “历史”数据
E. “有项目”投资

72. 效益难以货币化的非经营性项目，进行方案比选时可采用的比选指标有（　　）。

A. 单位功能建设投资
B. 单位功能运营费用
C. 内部收益率
D. 投资回收期
E. 净现值

73. 关于项目申请报告涉及的生态环境影响分析的说法，正确的有（　　）。

A. 对环境可能产生重要影响的企业投资项目，应从杜绝污染、保护生态环境的角度进行环境和生态影响的分析评价
B. 污染物排放对生态影响的分析包括生产过程中产生的各种污染源和排放的各种污染物及其对环境的污染程度
C. 对自然遗产、重要湿地和自然景观可能造成不利影响的项目，应重点提出生态恢复方案和措施
D. 生态环境影响分析中的生态影响指的是包括植被在内的自然环境和生态系统的影响
E. 应对项目的环境影响治理和水土保持方案的工程可行性及治理效果进行分析评价

74. 关于项目评估及其报告的说法，正确的有（　　）。

A. 项目评估是对项目前期咨询成果的再论证、再评价过程
B. 项目评估的深度应根据评估目的和评估要求而定，满足委托方的决策参考需要
C. 项目评估可以采用市场分析方法、方案比选方法、经济评价方法、风险分析方法
D. 政府部门委托的企业投资项目核准评估侧重于产品的市场竞争力
E. 项目评估的再评估不属于项目评估

75. 对于企业提交的项目申请报告进行评估，主要包括（　　）。

A. 资金筹措评估
B. 资源开发及综合利用评估
C. 财务分析评估
D. 经济和社会影响评估
E. 发展规划、产业政策和行业准入评估

76. 企业投资项目咨询评估报告中的区域经济影响评估，主要分析评估拟建项目对区域经济发展和（　　）等方面的影响。

A. 产业空间布局
B. 地区文化教育

C. 当地财政收支
D. 社会收入分配
E. 市场竞争结构

77. 关于咨询评估工作规范，下列说法正确的有（　　）。
A. 评估机构因特殊情况申请延长咨询评估工作完成时限的，延长的期限不能超过 90 天
B. 国家发展改革委委托咨询评估的完成时限不能超过 15 个工作日
C. 评估机构在评估工作过程中需要补充资料时，应书面通知评估事项的项目单位
D. 评估报告的书面通知和补充资料应当作为评估报告的附件报送国家发展改革委
E. 评估机构由于特殊原因不能在规定的时限内完成评估工作的，应当在规定的到期日前 5 个工作日报告情况

78. 下列指标中，用于衡量建设项目合理经济规模的有（　　）。
A. 单位产品投资
B. 单位生产成本
C. 劳动生产率
D. 年销售收入
E. 单位投资利润

79. 确定建设规模需考虑的主要因素包括（　　）。
A. 市场容量与竞争力
B. 合理的经济规模
C. 环境容量和自然资源供应量
D. 资源综合利用、循环经济和低碳经济要求
E. 国家产业政策和技术政策

80. 建设规模合理性分析，主要从（　　）等方面考虑比选。
A. 产业政策和行业特点的符合性
B. 资源利用的合理性
C. 建设条件的匹配性与适应性
D. 政策及规定的符合性
E. 收益的合理性

81. 在选择生产工艺技术时，应充分考虑其先进性，其先进性主要体现在（　　）。
A. 产品性能好
B. 单位产品物耗能耗低
C. 工艺技术的成熟程度
D. 劳动生产率高
E. 与项目的生产规模相匹配

82. 场（厂）址的比选应考虑的环境保护条件包括场（厂）址位置与（　　）关系。
A. 产业发展规划
B. 城市总体规划
C. 城镇规划
D. 风向
E. 公众利益

83. 现有 A、B、C 三个投资方案，A、B 方案为互斥型关系，C 方案从属于 B 方案。下列构成的互斥型方案组合种类正确的有（　　）。
A. 无
B. A
C . B
D. AC
E. BC

84. 在宏观层面上，项目社会评价的目的有（　　）。
A. 促进不同地区之间的公平协调发展
B. 实现经济和社会的稳定、持续和协调发展
C. 减少或避免项目建设和运行可能引发的社会问题
D. 制订一个能够切实完成项目目标的机制和组织模式
E. 保证项目收益在项目所在地区不同利益相关者之间的公平分配

85. 城市环境项目在社会评价中应重点关注（　　）。
A. 建设施工可能为居民创造的非农业就业机会
B. 对城市企业因搬迁而带来的就业压力
C. 贫困和弱势群体参与项目活动的机会

D. 征地占地所引起的负面影响

E. 地方政府、土地管理部门对项目的影响程度

86. 对利益相关者应从（　　）方面分析其影响力及其重要程度。

A. 对项目取得成功的重要程度
B. 对战略资源的控制力
C. 权利和地位的拥有程度
D. 组织机构的级别
E. 利益相关者对项目的期望

87. 对项目敏感性分析结果，应着重分析论证的问题包括（　　）。

A. 哪些不确定因素是较为敏感的因素
B. 临界点较高的不确定因素可能带来的风险
C. 确定敏感性因素发生变化的概率
D. 敏感性分析的结论和建议
E. 定量分析临界点所表示的不确定因素变化发生的可能性

88. 下列条件中，属于线性盈亏平衡分析模型假设条件的有（　　）。

A. 产销量和销售单价不变
B. 生产量等于销售量
C. 产销量和单位可变成本保持不变
D. 产量超过一定规模时，固定成本线性增加
E. 生产多种产品的，可以换算为单一产品计算

89. 关于盈亏平衡分析的说法，正确的有（　　）。

A. 盈亏平衡点应按项目达产年份的数据计算
B. 盈亏平衡点可以用产品售价、单位可变成本、年总固定成本等表示
C. 当计算期各年盈亏平衡点数值不一样时，分析时应取最低值比较合理
D. 有银行贷款的项目，应按还完借款以后年份的数值计算出最高盈亏平衡点
E. 用产量表示的盈亏平衡点越低，表明项目适应市场需求变化的能力越大

90. 可行性研究阶段应考虑的技术方面的风险因素主要有（　　）。

A. 市场预测方法或数据错误
B. 对技术的适用性和可靠性认识不足
C. 项目产品和主要原材料的供应条件和价格发生较大变化
D. 运营后达不到生产能力、质量不过关或消耗指标偏高
E. 消费者的消费习惯、消费偏好发生变化

91. 风险影响估计方法包括（　　）。

A. 概率树分析法
B. 蒙特卡洛模拟法
C. 决策矩阵法
D. 主观概率估计法
E. 客观概率估计法

92. 描述风险变量偏离期望值程度的绝对指标有（　　）。

A. 期望值
B. 密度系数
C. 方差
D. 离散系数
E. 标准差

93. 项目决策阶段的主要文件包括（　　）。

A. 水土保持报告
B. 监理资料
C. 环境影响评价报告
D. 开工报告
E. 重大项目社会稳定风险评估报告

94. 下列后评价内容中，属于项目实施阶段评价内容的有（　　）。

A. 项目目标实现的程度
B. 合同执行与管理
C. 施工组织与管理
D. 工程质量管理
E. 重大设计变更

95. 在项目后评价中，项目目标合理性评价的主要任务有（　　）。

A. 对照项目可研和评估中关于项目目标的论述，找出变化
B. 分析层次目标的合理性和实现可能性
C. 分析项目目标的实现程度以及成败的原因
D. 对项目能否按既定目标执行和发展的可能性进行评价
E. 讨论项目目标的确定是否正确合理，是否符合发展的要求

2024年全国注册咨询工程师(投资)职业资格考试预测试卷(一) 参考答案

1. C	2. B	3. D	4. A	5. B
6. D	7. C	8. A	9. B	10. B
11. B	12. A	13. C	14. C	15. D
16. C	17. D	18. C	19. D	20. D
21. A	22. A	23. D	24. A	25. B
26. A	27. D	28. A	29. B	30. D
31. A	32. A	33. B	34. B	35. C
36. C	37. B	38. C	39. D	40. C
41. D	42. C	43. D	44. C	45. D
46. A	47. B	48. C	49. B	50. A
51. D	52. D	53. C	54. D	55. D
56. B	57. C	58. A	59. B	60. C
61. AD	62. ABC	63. BCE	64. BD	65. CDE
66. ABDE	67. ACDE	68. BCD	69. ACD	70. BC
71. ABCE	72. AB	73. BDE	74. ABC	75. BDE
76. ACDE	77. CDE	78. ACE	79. ABC	80. ABCE
81. ABD	82. CDE	83. ABCE	84. ABC	85. AB
86. ABCD	87. AD	88. BE	89. ABE	90. BD
91. ABC	92. CE	93. ACE	94. BCDE	95. ACE

2024年全国注册咨询工程师（投资）职业资格考试
预测试卷（二）

一、单项选择题（共60题，每题1分。每题的备选项中，只有1个最符合题意）

1. 实行核准制的企业投资项目，仅需向政府提交（　　）。
A. 项目建议书　　B. 可行性研究报告
C. 开工报告　　D. 项目申请报告

2. 工程咨询单位存在（　　）行为，由发展改革部门责令改正。
A. 累计4次拒绝接收委托任务
B. 帮助别人申请咨询工程师（投资）登记的
C. 转让执业专用章
D. 接收任何影响公正执业的酬劳

3. 初步可行性研究的主要目的是（　　）。
A. 发现有价值的投资机会　　B. 判断项目是否有必要性
C. 分析建设方案的合理性　　D. 分析项目是否符合相关发展建设规划

4. 下列关于项目建议书与初步可行性研究关系和区别的说法中，正确的是（　　）。
A. 初步可行性研究的成果必然是初步可行性研究报告
B. 初步可行性研究报告较为简略
C. 项目建议书较为详尽
D. 项目建议书与初步可行性研究报告之间的差别，主要是对研究成果具体阐述的详略

5. 企业发展规划需要在竞争博弈复杂的市场环境下，及时进行动态修正以及调整，需要不断地更新和创造新的核心能力以及竞争优势，体现了（　　）特点。
A. 时效性　　B. 前瞻性
C. 可操作性　　D. 认同性

6. 产业发展规划要充分考虑发展条件和投资意向，通过有效的措施将规划的内容转化为切实可行的实施方案，这体现了产业发展规划报告编制原则中的（　　）。
A. 前瞻性原则　　B. 合规性原则
C. 产业关联原则　　D. 可操作性原则

7. 企业发展规划要对近中远期进行全面部署，以近中期为主，兼顾长远发展，这体现了企业规划原则中的（　　）。
A. 差异化原则　　B. 取舍原则
C. 创新原则　　D. 可持续原则

8. 规划应立足于规划实施的可行性和预见性，协调好近期建设与远景规划的关系，适应产业发展的不确定性，规划方案保持一定的灵活性，这体现了园区发展规划编制原则的（　　）发展原则。
A. 绿色　　B. 弹性　　C. 协同　　D. 集约

9. 下列理论与方法中，属于产业发展规划分析阶段中定性研究方法的是（　　）。
A. 层次分析法　　B. 非参数统计分析法
C. PEST分析　　D. 标杆分析

10. 产业规划根据需要进行市场结构分析，从而判断市场发展程度和影响因素。下列不属于

市场结构分类标准或依据的是（　　）。

A. 产品间的竞争规律　　B. 生产商的产品特征

C. 生产商数量的多少　　D. 生产商进出市场的难易程度

11. 下列属性指标中，属于内部属性竞争力的是（　　）。

A. 研发能力和制造能力　　B. 营销能力和整合能力

C. 产品能力和资源能力　　D. 决策能力和执行能力

12. 在园区发展规划报告中，土地利用规划图的图纸需要标明（　　）。

A. 地下矿藏埋藏范围　　B. 规划道路红线

C. 主要道路交叉口形式　　D. 潜在地质灾害的强度分布

13. 规划环境影响评价方法中的，属于规划实施生态环境压力分析的是（　　）。

A. 矩阵分析　　B. 负荷分析　　C. 叠图分析　　D. 现场踏勘

14. 下列指标中，可以反映建设用地集约经营程度的指标是（　　）。

A. 城市建筑密度　　B. 土地建设利用率

C. 用地布局分散程度　　D. 城市土地利用系数

15. 需要核准的建设项目在项目申请报告核准前，由（　　）提出预审申请。

A. 建设单位　　B. 自然资源主管部门

C. 咨询机构　　D. 城市规划主管部门

16. 建设项目用地预审文件的有效期为（　　）年。

A. 1　　B. 10　　C. 5　　D. 3

17. 产品方案需要在（　　）的基础上形成。

A. 产品比较　　B. 产品定价

C. 产品调查　　D. 产品组合研究

18. 建设项目的公用和辅助工程一般不包括（　　）。

A. 给水排水工程　　B. 供电与通信工程

C. 供热工程　　D. 防洪设施

19. 某建设项目新水量为 $4500m^3/h$，外排高含盐水量 $30m^3/h$，则该项目新水利用系数为（　　）。

A. 95.86%　　B. 98.68%　　C. 99.33%　　D. 99.43%

20. 项目投资估算的范围应与项目建设方案所确定的（　　）相一致。

A. 产品组合方案　　B. 各项工程内容

C. 实施进度计划　　D. 总图运输方案

21. 下列项目的可行性研究中，应进行经济分析的是（　　）。

A. 大型商业产业项目　　B. 大型水利水电综合开发

C. 商业化游乐开发项目　　D. 玩具厂建设项目

22. 关于各行业项目可行性研究报告特点的说法，正确的是（　　）。

A. 水利水电项目应重点研究项目的节能减排效果

B. 农业开发项目受市场需求影响不大，效益与费用的不确定性较小

C. 文教卫生项目应根据项目的服务范围确定项目的建设规模

D. 公共医疗卫生设施类项目经济评价应以财务分析为主、经济分析为辅

23. 关于政府和社会资本合作（PPP）模式适用情况的说法，正确的是（　　）。

A. PPP 模式主要适用于政府有责任提供又不适宜市场化运作的项目

B. PPP 模式主要适用于基础设施和公共服务类的新建项目或存量项目

C. PPP 模式主要适用于政府和社会资本短期合作的项目

D. PPP 模式主要适用于社会资本收益较高、政府付费较低的经营性项目

24. 下列关于风险投资特点的说法中，正确的是（　　）。

A. 风险投资的预期收益比传统投资方式低

B. 风险投资与传统产业投资相比，期限较长

C. 投资回报主要来源于企业生产经营利润或股权的转让

D. 风险投资主要处于成熟阶段的产业或产品

25. 关于项目申请报告编制的说法，正确的是（　　）。

A. 按照企业性质的不同，项目申请报告主要分为企业投资项目申请报告、外商投资项目申请报告、境外投资项目申请报告

B. 项目申请报告通用文本由项目核准机关制订

C. 项目申请报告只能由具有相关经验和能力的工程咨询单位编写

D. 项目申请报告详细分析和论证了项目市场前景、经济效益、资金来源

26. 对拟建项目进行咨询评估报告时，项目建设必要性评估内容包括（　　）。

A. 评估项目是否符合增强自主创新能力的要求

B. 评估拟建项目的工程技术方案是否符合有关产业结构调整

C. 评估拟建项目目标及功能定位是否合理

D. 评估拟建项目和项目建设单位是否符合有关行业准入标准的规定

27. 下列评估内容，属于节能方案评估的是（　　）。

A. 用能标准和节能规范评估　　B. 节能计划实施方案评估

C. 节能设施建设投资评估　　D. 节能强度和总量评估

28. 企业投资项目的项目申请报告编制内容中，社会影响评估的内容不包括（　　）。

A. 社会影响效果评估　　B. 社会适应性评估

C. 风险影响程度评估　　D. 社会风险及对策措施评估

29. 选任项目经理属于项目评估质量控制（　　）环节工作。

A. 接受委托　　B. 组织评估

C. 前期准备　　D. 质量评审

30. 组织开展咨询评估工作的依据，保障咨询评估产品质量的重要环节是（　　）。

A. 配置人力资源　　B. 收集待评材料

C. 制订质量计划　　D. 建立评审制度

31. 关于国家发展改革委选择咨询机构进行项目评估的说法，正确的是（　　）。

A. 咨询机构应具有乙级综合资信等级

B. 可选择在全国投资项目在线审批监管平台备案但未列入公示名录的咨询机构

C. 咨询机构应具有所申请专业的甲级资信等级或具有甲级综合资信等级

D. 咨询机构应承担过总投资 3 亿元以上项目申请报告评估任务 10 项以上

32. 根据《国家发展改革委投资咨询评估管理办法》（发改投资规〔2018〕1604 号），对咨询评估报告首次评价为较差的咨询机构，国家发展改革委投资司可对其做出的处罚是（　　）。

A. 不予处理　　B. 约谈、警告

C. 暂停其“短名单”机构资格一年　　D. 将其从“短名单”中删除

33. 关于项目建设规模研究的说法，正确的是（　　）。

A. 市场对拟建项目的产品品种、规格和数量的需求，直接影响项目拟建规模的确定

B. 合理经济规模具有最小的总成本费用

C. 合理经济规模具有最大的营业收入

D. 生产技术通常与建设规模关联不大

34. 场（厂）址的安全条件论证在（　　）阶段应形成“安全条件论证报告”。

A. 初步可行性研究　　B. 可行性研究

C. 项目建议书　　D. 投资机会研究

35. 根据生产周期、采购运输条件等，可以进一步计算出各种物料的经常储备量、保险储备量、季节储备量和物料总储备量，作为（　　）研究的依据。

A. 生产方案　　B. 物流方案

C. 生产物流方案　　D. 生产工艺方案

36. 某投资项目建设投资估算为 2 亿元，总用地面积 $5hm^2$，项目建（构）筑物占地 $20000m^2$，其中消防水池占地 $3333m^2$，则建筑系数为（　　）。

A. 6.6%　　B. 33.3%　　C. 40.0%　　D. 46.7%

37. 某项目建设一座单层库房，建筑层高为 12m，占地面积 $50000m^2$，建设一座占地面积为 $5000m^2$ 的 6 层办公楼，配套建设两个水池，占地面积分别为 $2500m^2$ 和 $1500m^2$。该项目总用地面积 $15hm^2$，其中道路占地 $5000m^2$，则该项目的场地利用系数为（　　）。

A. 39.33%　　B. 42.67%　　C. 72.67%　　D. 76.00%

38. 某项目建设投资为 1000 万元，流动资金为 200 万元，建设当年即投产并达到设计生产能力，年净收益为 340 万元。则该项目的静态投资回收期为（　　）年。

A. 7.14　　B. 3.53　　C. 2.94　　D. 2.35

39. 下列投资项目经济评价指标中，未考虑资金时间价值的是（　　）。

A. 总投资收益率　　B. 内部收益率

C. 净现值　　D. 净年值

40. 关于社会评价特点的说法，正确的是（　　）。

A. 社会评价通常要考虑国家或地区的中、远期发展要求

B. 社会评价应着眼具体的项目评价指标

C. 社会评价适合使用统一的量纲和指标计算

D. 社会评价目标通常较为单一

41. 开展投资项目社会评价，对项目所在地区社会环境、文化状况能否适应项目建设和发展需要进行分析，属于（　　）。

A. 社会风险分析　　B. 社会可持续性分析

C. 社会互适性分析　　D. 社会影响分析

42. 下列社会评价的公众参与形式中，（　　）反映了参与者具有更多更强的参与意识。

A. 目标性参与　　B. 手段性参与

C. 支持性参与　　D. 非理性参与

43. 项目分析中极其重要的分析方法，是社会评价中对项目进行全过程和全方位分析的重要工具的是（　　）。

A. 层次分析法　　B. 因果分析法

C. 逻辑框架法　　D. 对比法

44. 既可能带来损失，也可能产生利益的风险是（　　）。

A. 投机风险　　B. 纯风险

C. 自然风险　　D. 人为风险

45. 投资项目的不同阶段存在的主要风险有所不同，政策风险和融资风险属于（　　）阶段的风险。

A. 可行性研究　　B. 项目实施

C. 投资决策　　D. 项目运营

46. 进行敏感性分析时，首先要做的工作是（　　）。

A. 计算临界点　　B. 选取分析指标

C. 估计不确定因素的变化程度　　D. 选取不确定因素

47. 某项目进行单因素敏感性分析的结果是：产品售价下降 10% 时内部收益率的变化率为 55%；原材料价格上涨 10% 时内部收益率的变化率为 39%；建设投资上涨 10% 时内部收益率的变化率为 50%；人工工资上涨 10% 时内部收益率的变化率为 30%。则该项目的内部收益率对（　　）最敏感。

A. 人工工资　　B. 产品售价　　C. 原材料价格　　D. 建设投资

48. 下列关于项目盈亏平衡分析的说法，错误的是（　　）。

A. 盈亏平衡点可以采用公式计算法求取，也可以采用图解法求取

B. 在线性盈亏平衡分析中，总成本费用是产量的线性函数

C. 在盈亏平衡分析图中，销售收入线与固定成本线的交点即为盈亏平衡点

D. 盈亏平衡分析最好选择还款期间的第一个达产年和还清借款以后的年份分别计算

49. 对投资项目进行风险识别时，将一个复杂系统分解为若干子系统进行分析的方法是（　　）。

A. 情景分析法　　B. 故障树法

C. 解析法　　D. 风险结构分解法

50. 某产品市场销量估计为每年 1200t，为了分析销量的风险情况，请 3 位专家对其销量可能出现的状态及其分布进行预测（见下表），则专家估计的销量期望值是（　　）t。

专家	销量/（t/年）		
	1000	1200	1400
	概率（%）		
1	50	20	30
2	40	20	40
3	30	40	30

A. 1120　　B. 1161　　C. 1187　　D. 1440

51. 下列属于投资项目风险中政策风险的是（　　）。

A. 主要管理者的道德水平　　B. 产业政策的调整

C. 工程地质情况　　D. 消费者的消费习惯

52. 项目由于选址不当，导致当地居民反对，这种风险属于（　　）。

A. 市场风险　　B. 政策风险

C. 环境与社会风险　　D. 技术与工程风险

53. 下列风险估计方法中，基于个人经验、预感或直觉而估算出来概率的方法是（　　）。

A. 客观概率估计　　B. 主观概率估计

C. 概率树分析　　D. 蒙特卡洛模拟

54. 某项目产品价格符合正态分析，专家调查的期望值为 100，方差为 10，则其离散系数为（　　）。

A. 3. 16　　B. 0. 032　　C. 0. 1　　D. 10

55. 关于采用蒙特卡洛模拟法进行项目风险概率模拟的说法，正确的是（　　）。

A. 输入变量分解过细，有可能造成变量之间有相关性

B. 输入变量可以是相互独立的，也可以是不独立的

C. 输入变量分解越粗，模拟结果可靠性越高

D. 模拟次数过多，会导致模拟结果可靠性降低

56. 建立应急储备，安排一定的时间、资金或资源来应对风险属于风险对策中的（　　）。

A. 风险接受　　B. 风险转移

C. 风险减轻　　D. 风险回避

57. 避免最大损失而不是追求最大收益的风险决策准则是（　　）。

A. 最小方差决策　　B. 满意度决策

C. 期望值决策　　D. 最小损失决策

58. 关于中间评价与后评价的说法，正确的是（　　）。

A. 项目后评价以项目业主日常的监测资料和项目绩效管理数据库的信息为基础进行评价

B. 中间评价和后评价对项目的目标评价、效益评价是不同的

C. 中间评价是指投资人或项目管理部门对正在建设尚未完工的项目所进行的评价

D. 中间评价必须是对项目决策、投资、目标、工程以及未来效益、经济社会和环境影响的全面评价

59. 项目后评价主要内容不包括（　　）。

A. 项目建设全过程回顾与评价　　B. 效果效益和影响评价

C. 项目目标和可持续性评价　　D. 项目生产和运营评价

60. 项目管理评价是对项目建设期和运营期的组织管理机构的合理性、有效性，项目执行者的组织能力与管理水平进行综合分析与评价。下列不属于其主要内容的是（　　）。

A. 组织结构与协调能力的评价　　B. 政策制度与工作内容的评价

C. 激励机制与工作效率的评价　　D. 人员结构与工作能力的评价

二、多项选择题（共35题，每题2分。每题的备选项中，有2个或2个以上符合题意，至少有1个错项。错选，本题不得分；少选，所选的每个选项得0.5分）

61. 某市为了提高市民生活质量，满足市民用水需求，拟投资1.5亿元建设日生产能力30万t的水厂，要求项目投资所得税后财务内部收益率达到5%。关于该项目目标的说法，正确的有（　　）。

A. 宏观目标是提高市民生活质量

B. 功能目标是完成1.5亿元投资额

C. 市场目标是满足市民用水需求

D. 规模目标是30万t/日的生产能力

E. 效益目标是项目投资所得税后财务内部收益率达到5%

62. 关于政府投资项目与企业投资项目决策，下列说法正确的有（　　）。

A. 政府投资项目由政府直接投资、注入资本金、投资补助、转贷和贷款贴息

B. 企业投资项目采用直接投资、合作投资等方式，也可以使用政府性资金

C. 政府投资资金公共领域只投向市场不能有效配置资源的项目，原则上不支持经营性项目

D. 政府投资项目实行项目核准制，企业投资项目实行审批制

E. 政府投资项目与企业投资项目决策依据均为项目建议书

63. 在项目决策分析与评价中，应完成的任务包括（　　）。

A. 计算项目的盈利能力、偿债能力与财务生存能力

B. 提出防范和降低风险的措施

C. 分析项目目标的可能实现程度

D. 确定施工单位和施工组织计划

E. 提出并推荐企业经营管理方案

64. 可行性研究与初步可行性研究的区别主要有（　　）。

A. 目的与作用不同
B. 研究论证的重点不同
C. 研究方法和深度要求不同
D. 信息收集和资料拥有程度以及基础数据不同
E. 构成和内容不同

65. 产业规划所关注的外部环境分析主要包括（　　）。
A. 生产力要素条件分析
B. 宏观环境分析
C. 资源条件分析
D. 行业环境分析
E. 竞争环境分析

66. 为了能够制订出合理、有效、可操作性强的园区发展规划，应该遵守（　　）。
A. 绿色发展原则
B. 集约发展原则
C. 可持续发展原则
D. 弹性发展原则
E. 针对性原则

67. 园区发展规划环境保护应包括的内容有（　　）。
A. 水污染控制规划
B. 确定环境保护规划目标及执行环境标准
C. 固体废物污染控制规划
D. 防地质灾害规划
E. 大气污染控制规划

68. 下列建设用地评价指标中，属于建设用地开发利用程度评价指标的有（　　）。
A. 城市土地利用系数
B. 土地建设利用率
C. 城市用地扩展系数
D. 城市建筑密度
E. 开发区土地建成率

69. 建设用地项目环境效益分析评价内容包括（　　）。
A. 评价项目是否符合国家建设用地环境评价标准的要求
B. 评价项目是否符合整体景观布局要求
C. 分析评价项目的土地资源利用水平和指标是否符合国家有关规定要求
D. 评价项目是否符合土地资源结构调整方向
E. 评价项目是否应用构建节约型社会理念实现资源能源的节约和循环利用

70. 建设项目用地预审的原则包括（　　）。
A. 不能占用基本农田
B. 保证建设用地比例不降低
C. 符合国家供地政策
D. 节约和集约利用土地
E. 符合土地利用总体规划

71. 下列文件资料中，属于项目可行性研究依据的有（　　）。
A. 经投资主管部门审批的投资概算
B. 经投资各方审定的初步设计方案
C. 建设项目环境影响评价报告书
D. 合资、合作项目各投资方签订的协议书或意向书
E. 项目建议书（初步可行性研究报告）

72. 关于投资项目可行性研究报告深度要求的说法，正确的有（　　）。
A. 对项目可能的风险做必要的提示
B. 主要工程技术数据能满足施工图设计的要求
C. 主要设备的规格、参数能满足预订货的要求
D. 重大技术、财务方案应有三个以上方案的比选
E. 投资估算与成本估算应采用扩大指标估算法

73. 下列项目可行性研究报告编制内容中，属于市场风险因素识别内容的有（　　）。

A. 分析各种新竞争对手的加入对市场的影响

B. 分析各风险因素对项目的影响程度，判定风险等级

C. 定量分析项目的主要风险因素

D. 分析市场竞争的程度，出现恶性竞争或出现垄断竞争对市场产生的影响

E. 分析技术进步和新技术进展，预测新产品和新替代品投放市场后对市场产生的影响

74. 项目的融资渠道分析应包括的内容有（　　）。

A. 提出资金构成的建议

B. 政府资金介入的必要性和可能性分析

C. 吸收其他不同渠道资金的必要性和可能性分析

D. 社会资金介入的必要性分析

E. 提出资金去向的建议

75. 并购价格估算方法包括（　　）。

A. 成本法　　B. 收益现值法

C. 估价法　　D. 市场比较法

E. 账面价值调整法

76. 关于非经营性项目财务分析的说法，正确的有（　　）。

A. 非经营性项目财务分析是项目可否投资建设的主要依据

B. 非经营性项目财务分析的工作是进行项目投资估算及融资安排

C. 非经营性项目财务分析内容根据项目收支平衡情况有所区别

D. 非经营性项目应结合借款偿还要求进行财务生存能力分析

E. 非经营性项目财务分析的数据可用于方案比选

77. 关于项目申请报告编制的说法，正确的有（　　）。

A. 项目申请报告的编制重点是项目市场前景和经济效益分析

B. 项目申请报告的内容和深度应满足评估机构进行项目评估的要求

C. 项目单位必须委托有资质的工程咨询单位编写项目申请报告

D. 项目单位可自主委托有相关经验和能力的中介服务机构编写项目申请报告

E. 项目申请报告的编制内容由项目单位自主决定

78. 高技术产业化项目资金申请报告的内容包括（　　）。

A. 项目单位的基本情况和财务状况

B. 贷款使用范围

C. 经济分析和财务评价结论

D. 申请国家补贴资金的主要理由和政策依据

E. 申请国家补贴资金 500 万元及以上的投资项目招标内容

79. 规划评估是指工程咨询机构接受政府或企业的委托，对各类规划进行分析论证，提出意见和建议。其作用主要体现在（　　）。

A. 保证规划具有实施性　　B. 保证规划具有可操作性

C. 保障实施措施　　D. 投资建设决策

E. 提高规划编制的科学性

80. 铁路项目的建设方案一般包括（　　）。

A. 公用辅助设计方案　　B. 工程和设备方案

C. 线路选择　　D. 建设规模方案

E. 开拓运输方案

81. 下列关于建设项目技术和设备来源的说法，正确的有（　　）。

A. 技术来源与选择主要受资金来源的制约

B. 采用国外技术与设备更加节能减排

C. 技术设备选择要经过多方案比选

D. 有些设备可以与国外公司合作制造

E. 采用高新技术应满足成熟性要求

82. 集聚因素是项目选址应关注的区域因素之一，集聚效应可带来的好处有（　　）。

A. 延长产品生命周期

B. 资源共享

C. 节约建设投资

D. 降低劳动力成本

E. 缩短建设周期

83. 关于危险废物填埋场选择的要求，下列说法正确的有（　　）。

A. 填埋场场址选择应避开地应力高度集中区域、高压缩性淤泥

B. 填埋场场址必须有足够大的可使用面积用来保证填埋场建成后具有 5 年的使用期

C. 填埋场场址的地质条件应符合地下水位在不透水层 2m 以下

D. 填埋场场址应选在运输距离短的地区

E. 填埋场场址不应该选择在城市工农业发展规划区

84. 投资项目场（厂）址选择，应关注场（厂）址工程地质条件，尽可能避开（　　）的区域。

A. 可能发生地震危险

B. 大江、大河周边

C. 地下可能有文物存在

D. 地基土性质严重不良

E. 地下水对建筑物有严重不良影响

85. 关于厂区总平面布置技术经济指标的说法，正确的有（　　）。

A. 固定资产投资强度按项目固定资产总投资占项目总用地面积计算

B. 食品制造业项目建筑系数应不低于 40%

C. 建筑物层高超过 7m，计算容积率时该层建筑面积加倍计算

D. 工业项目行政办公及生活服务设施用地所占比重不得超过 8%

E. 场地利用系数也是衡量项目总平面布置水平的重要指标，该指标不在自然资源部现行工业项目建设用地控制指标之内

86. 下列关于内部收益率的说法，正确的有（　　）。

A. 内部收益率可随折现率的变动而变动

B. 内部收益率是指项目净现值为零时所对应指标的收益率

C. 内部收益率指标考虑了资金的时间价值以及整个计算期内的经济状况

D. 内部收益率仅适用于常规现金流量项目，且要求项目的现金流入、现金流出均可用货币计量

E. 内部收益率指标依赖于方案“外部”的基准收益率

87. 项目的社会可持续性分析包括（　　）。

A. 项目所在地区居民对社会可持续性的影响分析

B. 社会效果可持续性分析

C. 项目所在地政府对社会可持续性的影响分析

D. 项目受损者对社会可持续性的影响分析

E. 项目受益者对社会可持续性的影响分析

88. 社会评价中，对需要特殊关注的弱势群体应侧重进行的分析有（　　）。

A. 性别分析

B. 贫困分析

C. 少数民族分析

D. 受损群体分析

E. 非自愿移民分析

89. 关于风险估计的主观概率估计法的具体步骤，下列说法正确的有（　　）。

A. 整理专家组成员的意见和意见分歧情况，计算专家意见的期望值，并反馈给专家组

B. 专家组成员需要由熟悉该风险因素现状、发展趋势的专家，有经验的工作人员组成

C. 估计某一变量可能会出现的状态范围，由每个专家独立使用书面形式进行反映

D. 专家组讨论并且分析产生意见分歧的原因，由成员重新背对背独立填写变量可能出现的状态范围，直至满足要求值为止

E. 专家组讨论并且分析意见分歧的原因这个阶段只能循环 2 次，否则对获得专家们的真实意见不利

90. 描述风险概率分布的指标主要有（　　）。

A. 期望值

B. 方差

C. 中位数

D. 离散系数

E. 极差

91. 风险评价是在项目风险识别和风险估计的基础上，对风险程度进行划分，揭示影响项目成败的关键风险因素，并采取防范对策。风险评价的工作内容包括（　　）。

A. 确定风险评价基准

B. 确定项目的风险水平

C. 确定项目风险等级

D. 确定项目存在的风险因素

E. 确定项目风险发生的间接表现

92. 可行性研究阶段的风险对策研究是整个项目风险管理的重要组成部分，关于对策研究的说法，正确的有（　　）。

A. 风险对策研究应贯穿于可行性研究的全过程

B. 风险对策应具针对性

C. 风险对策应具有经济性

D. 风险对策应有可行性

E. 风险对策研究仅是项目承包方的任务

93. 项目生产运营阶段的主要文件包括（　　）。

A. 项目生产维护记录

B. 企业财务报表

C. 年度投资计划

D. 招标文件及合同

E. 项目生产设备运行指标

94. 环境影响后评价一般包括（　　）。

A. 项目的污染控制

B. 区域的环境质量

C. 区域经济和社会发展

D. 自然资源的利用

E. 区域的生态平衡和环境管理能力

95. 项目后评价成果的反馈形式包括（　　）。

A. 项目后评价报告或出版物

B. 项目后评价信息管理系统

C. 公众监督

D. 行业内部研讨和培训

E. 成果反馈讨论会

2024年全国注册咨询工程师(投资)职业资格考试预测试卷(二) 参考答案

1. D	2. B	3. B	4. D	5. A
6. D	7. D	8. B	9. C	10. A
11. D	12. B	13. B	14. D	15. A
16. D	17. D	18. D	19. C	20. B
21. B	22. C	23. B	24. C	25. A
26. C	27. A	28. C	29. C	30. B
31. C	32. B	33. A	34. B	35. C
36. C	37. B	38. B	39. A	40. A
41. C	42. A	43. C	44. A	45. C
46. B	47. B	48. C	49. C	50. C
51. B	52. C	53. B	54. B	55. A
56. A	57. A	58. C	59. D	60. B
61. ADE	62. AC	63. ABC	64. ABCD	65. BDE
66. ABDE	67. ABCE	68. BDE	69. ABC	70. ACDE
71. DE	72. AC	73. ADE	74. ABC	75. ABDE
76. CDE	77. BD	78. ADE	79. ABE	80. BCD
81. CDE	82. BCE	83. ADE	84. ADE	85. ABE
86. BCD	87. BDE	88. ABCE	89. ABCD	90. ABD
91. ABC	92. ABCD	93. ABE	94. ABDE	95. ABDE